Walter Buchacher & Josef Wimmer

Das Selbstcoaching-Seminar

Walter Buchacher & Josef Wimmer

Das Selbstcoaching-Seminar

Ich nehme meine Zukunft selbst in die Hand

Linde
international

Bibliografische Information Der Deutschen Bibliothek

Die Deutsche Nationalbibliothek verzeichnet diese Publikation in der Deutschen Nationalbibliografie; detaillierte bibliografische Daten sind im Internet über http://dnb.d-nb.de abrufbar.

ISBN 978-3-7093-0276-7

Umschlag: buero8

1210 Wien, Scheydgasse 24, Tel.: 0043/1/24 630

www.lindeverlag.at
www.lindeverlag.de
Druck: Hans Jentzsch & Co. GmbH., 1210 Wien, Scheydgasse 31
1

Inhaltsübersicht

Einleitung

Unser originales Coaching-Seminar

Dieses Buch kommt direkt aus der Praxis. Es ist das Ergebnis einer zehnjährigen Erfolgsgeschichte mit Coaching-Seminaren.

„Ich habe im Leben noch Großes vor!“ „Ich nehme meine Zukunft selbst in die Hand!“ „So führe ich mich selber zum Erfolg!“ lauten die Titelüberschriften dieser Seminare. Sie finden an einem besonders schönen Ort statt: im italienischen Friaul, wo man von Norden kommend, die Berge hinter sich gelassen, die weite Ebene um sich und die Adria vor sich hat. Das malerische Bergpanorama ist noch sichtbar, das nahe gelegene Meer bereits spürbar – die Villa di Tissano ist Sinnbild für unsere Arbeit. Hier finden unsere Teilnehmer in wunderbarer und geschützter Atmosphäre ideale Wege für die persönliche und berufliche Weiterentwicklung.

Die Idee zu den **Coaching-Seminaren** haben eigentlich Teilnehmer unserer früheren Seminare geboren. Ob bei „Präsentieren“, „Führen“, „Verhandeln“ usw. – oft wurden wir nach unseren Veranstaltungen gefragt: „Habt ihr nicht etwas Vertiefendes, das die persönliche Weiterentwicklung ankurbelt und einen großen Schritt weiterbringt?“

Das war der Anstoß vor zehn Jahren, ein solches Seminar zu entwickeln. Aus den wirksamsten Bestandteilen unserer Seminar- und Berufstätigkeit haben wir ein ganzheitliches Konzept für persönliches **Lebensmanagement** und Wachstum zusammengestellt. Wir nennen es: das Coaching-Seminar. Nun liegt das Buch dazu vor.

Mit diesem Buch sagen wir „danke“ an alle unsere Teilnehmer für Impulse, Anregungen und konstruktive Kritik. Ihnen, lieber Leser, liebe Leserin, wünschen wir viel Freude und Erfolg – beim Wiederentdecken, wenn Sie bereits bei einem Coaching-Seminar dabei waren, oder beim Neuentdecken, wenn Sie sich mit Hilfe des Buches auf den Weg machen.

Ein Hinweis: In diesem Buch wird die männliche Form verwendet – es richtet sich aber selbstverständlich an beide Geschlechter.

Ein guter Platz, um die eigene Zukunft zu planen: Im einzigartigen Ambiente der Villa di Tissano mit ihrem großzügigen Park finden seit zehn Jahren unsere Coaching-Seminare statt.

Die Salzburger Trainingsmethode im Coaching-Seminar

Unsere Seminare gestalten wir nach der von uns entwickelten **Salzburger Trainingsmethode**. Sie ist in unserem Buch „Das Seminar", ebenfalls bei Linde international erschienen, beschrieben und zeichnet sich durch einen belebenden Wechsel von gut aufbereiteten Informationen und Verarbeitungsphasen einzeln und in Kleingruppen aus. Das **Coaching-Seminar,** aus dem heraus dieses Buch entstanden ist, enthält zudem individuelle Beratungszeiten. So wird jede Person angeleitet und unterstützt, das eigene Thema gut und mutig voranzubringen. Kleine Übungen und eine vertraute Atmosphäre tragen viel zu einer gelösten und heiteren Stimmung bei.

Das Buch möchte durch eine klare inhaltliche Linie, durch zahlreiche Anregungen und Übungen sowie die zahlreichen Bilder möglichst viel von der Stimmung im Coaching-Seminar herein holen.

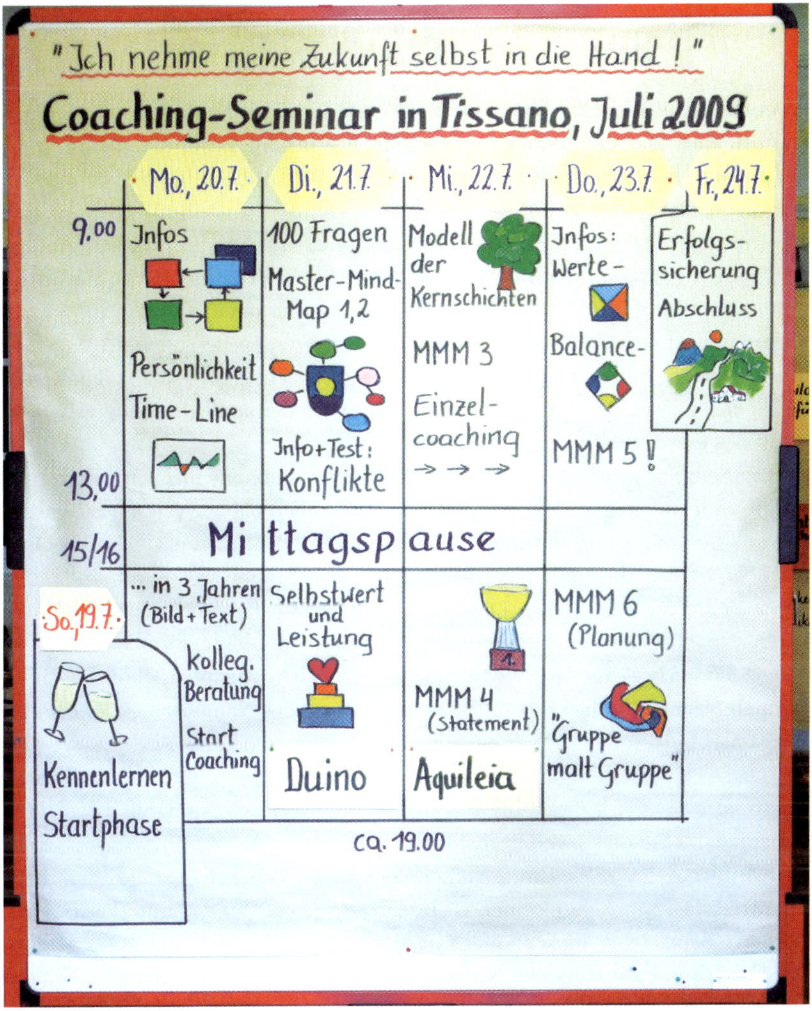

Programmübersicht unseres Coaching-Seminars

Mein Name – ein Auftrag?

Wir starten unsere Coaching-Seminare und hier unser Buch mit einer Übung zum eigenen Namen. Der eigene Name ist etwas ganz Besonderes. Er begleitet Sie durchs ganze Leben. Wird Ihr Name genannt, fühlen Sie sich sofort angesprochen.

Ein Dozent der Privatmedizinischen Universität Salzburg berichtete uns von seinen Forschungen mit Wachkomapatienten. Erhalten solche Patienten Sinnesimpulse (z.B. durch Berührungen, Musik oder Texte), so zeigen Gehirnstrommessungen keinerlei Reaktionen. Werden Personen im Wachkoma allerdings mit dem eigenen Namen angesprochen, so schlägt das Messgerät aus. Dieser Bericht erinnert uns immer wieder an die besondere Bedeutung des eigenen Namens.

Im Seminar zeigt sich, dass viele Teilnehmer noch nie ihre Eltern gefragt haben, warum sie gerade diesen Namen bekommen haben. Wissen Sie es?

Die Beschäftigung mit dem eigenen Namen gibt Ihnen erste Aufschlüsse darüber, ob mit Ihrem Namen bestimmte Erwartungen verknüpft sind. Hatten die Eltern die Betriebsnachfolge im Sinn, als sie den Sohn nach dem Vater „Julius“ nannten? Oder dachten sie bei „Johanna“ an die tapfere Großmutter? Oder mit „Alice“ an einen Musiktitel? Habe ich Vorbilder, die denselben Namen tragen? Ist die ursprüngliche Bedeutung des Namens, z. B. Peter oder Petra als „Fels in der Brandung“, für mich wegweisend?

Diese Überlegungen machen Ihnen bewusst, ob in Ihrem Namen bestimmte Muster, Erwartungen und Aufträge versteckt sind. Sie jedoch entscheiden, ob Sie diese weiter ausführen wollen!

Mit der Art, wie Sie Ihren Namen verwenden, drücken Sie ein Stück Ihrer Identität aus. So macht es einen Unterschied, ob sich jemand mit „Josef“ (eher seriös), „Sepp“ (eher locker) oder mit „Joe“ (eher lässig) vorstellt.

Die **Übung** zum eigenen Namen: Erkunden Sie mit Hilfe der drei Fragen auf dem Flipchart Ihren Namen – dessen Herkunft und Bedeutung und gegebenenfalls den darin enthaltenen Auftrag.

Zum Weiterlesen: Namenlexikon

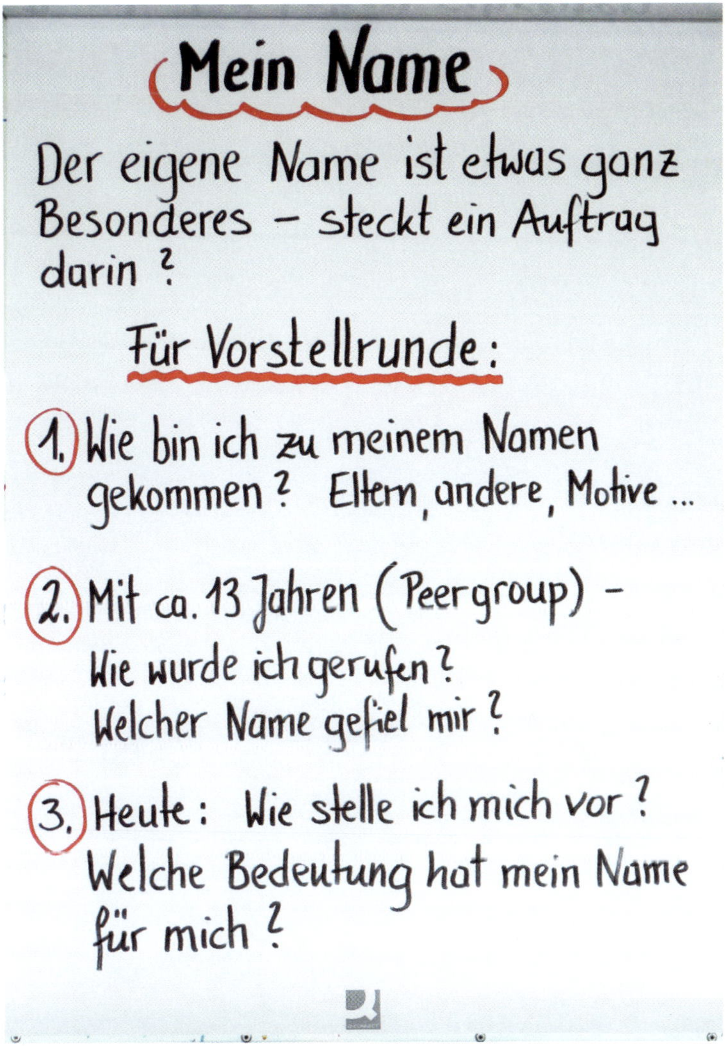

Wichtiger Teil der Identität: mein Name

Mein Name

Der andere Name ist etwas ganz Besonderes – vielleicht ein Auftrag daran

Für Vorstellrunde:

4 Wörter zu meinem Namen
Gekommen? – Eltern, Vater, Mutter

(2 Mal 4 Jahren (Personen)

Wir wurde ...
... Namen ...

Welche Bedeutung hat mein Name

1. Die richtigen Ziele finden

„Wenn das Leben keine Vision hat, nach der man strebt, nach der man sich sehnt, die man verwirklichen möchte, dann gibt es auch kein Motiv, sich anzustrengen!"
Erich Fromm

Klar formulierte Ziele haben einen hohen Verbindlichkeitsgrad. Sie ermöglichen Planung, bündeln die Aufmerksamkeit, helfen, rasch Entscheidungen zu treffen, und verschaffen Erfolgserlebnisse, wenn man gesetzte Ziele auch erreicht hat. Erfolg, Motivation, Lebenszufriedenheit und Glück spielen zusammen.

Glück

Dem Glücklichen gehört die Welt!

Es ist keine Lügengeschichte von Münchhausen: Man kann das Glück tatsächlich beim Schopf packen. Glück und Erfolg gehören eng zusammen, glückliche Menschen haben mehr Energie, sind kreativer, engagierter, gesünder, packen Probleme an und blicken optimistischer in die Welt. Zwar kann man das Glück nicht erzwingen, aber man kann es dem Glück leichter machen, sich einzustellen. Allerdings muss man wissen, was einen glücklich macht, damit man glücklich wird. Nicht die Erfüllung aller Wünsche ist das Entscheidende, sondern vielmehr, dass man sich das Richtige wünscht.

Es gibt verschiedene Arten von Glück – hier eine Auswahl:

Das **Zufallsglück** – jenes unverdiente, geschenkhafte Glück, das einem einfach zufällt: Sie sind in eine wohlhabende, sichere Gesellschaft hinein geboren, können Wasser aus dem Hahn trinken, Sie haben gerade Glieder, Ihre Kinder sind wohlgeraten. Zu diesem Glück können Sie durch Dankbarkeit beitragen. Schreiben Sie jeden Tag wenigstens drei Dinge auf, für die Sie dankbar sein können – Sie werden sehen, wie sich Ihre Lebenszufriedenheit erhöht.

Das **Anstrengungsglück** – jener Glückszustand, der sich einstellt, wenn nach dem Einsatz, der Mühe und der Anstrengung ein Ziel erreicht wird, eine Arbeit geschafft ist, eine Hürde genommen ist. Aber es muss ein bisschen Schweiß fließen und das Ziel muss die Anstrengung wert sein. Nichtstun macht nicht glücklich. Suchen Sie sich wöchentlich ein kleines, realistisches Ziel, von dem Sie sagen können: „Wenn ich mich anstrenge, dann schaffe ich es!“ Das ist die Quelle von Begeisterung, Zuversicht und Optimismus. Reine Motivation.

Das **Redlichkeitsglück** – ich liebe dieses altmodische Wort. Tue richtige Dinge und tue wichtige Dinge – handle so, dass Du zu dem, was Du tust, überall stehen kannst, dass dein Handeln für andere gut akzeptabel ist oder gar als Vorbild dienen kann. Befreien Sie sich von belastenden und unwürdigen Versteckspielen.

Das **Wohlfühlglück** – aufgehoben sein, geliebt werden, behütet sein, akzeptiert werden, es sich gutgehen lassen: Dieses Glück füllt die Akkus und hält bei Laune. Fehlt am Arbeitsplatz und im Privatleben dieser Faktor zur

Gänze, brennen Menschen aus. Fragen Sie sich möglichst oft, was gerade Sie zum Wohlfühlglück Ihrer Mitmenschen beitragen – Sie bekommen ganz viel zurück.

So nehmen Sie Ihre Zukunft selbst in die Hand

Machen Sie sich regelmäßig und systematisch bewusst, wo gerade Sie „auf die Butterseite des Lebens" gefallen sind.

Zum Weiterlesen: Clemens Sedmak, Geglücktes Leben

Du kannst dein Glück beim Schopf packen!

Sich selbst und andere mit Zielen führen

Wer nicht weiß, wohin er will, darf sich nicht wundern, wenn er ganz woanders ankommt!

Natürlich ist es hin und wieder ein Genuss, sich treiben zu lassen, einfach zu schauen, was der Tag bringt, zu träumen, die Seele baumeln zu lassen und nach dem echt wienerischen Motto zu leben: Schauen wir einmal, dann sehen wir schon.

Wer allerdings auf diese Weise sein privates oder berufliches Leben gestalten will, wird eher zufällig irgendwo ankommen. Um dann im besten Fall zu sagen: Da wollte ich ohnehin hin.

Hier helfen **Ziele**: Was im Unternehmen nicht mehr wegzudenken ist (Führung mit Zielen, Peter Ducker, 1954, *Management by objectives* (MbO)), ist auch für die persönliche Entwicklung das Erfolgsrezept. Die meisten Menschen verwenden jedoch für die Planung eines Urlaubs mehr Zeit als für die Planung ihres Lebens.

So nehmen Sie Ihre Zukunft selbst in die Hand

Entwickeln Sie eine Vorstellung, ein Bild von sich, der gelungenen Lösung einer anstehenden Aufgabe, der Entwicklung in einem bestimmten Abschnitt Ihres Arbeitsplatzes, Ihrer Partnerschaft oder gleich Ihres Lebens.

Dieses Bild muss „schön" sein, es muss attraktiv sein und echte Zugkraft haben. Und es muss Ihrer Werthaltung entsprechen. Das Ziel „Generaldirektor in zwei Jahren" ist wahrscheinlich nicht mit Prioritäten wie „viel Zeit für Familie, Freizeit und Partnerschaft" kompatibel.

Ziele sind zukunftsorientiert und beschreiben einen erstrebenswerten Zustand.

Daraus folgt:

- Ziele schaffen **Klarheit** und geben Orientierung.
- Ziele ermöglichen Ihnen, Ihr Handeln auf das Ziel hin zu **planen**.
- Ziele **bündeln** Ihre Aufmerksamkeit und Wahrnehmung.
- Zielerreichung schafft **Erfolgserlebnisse**.
- Erfolg entwickelt Selbstbewusstsein und **Selbstwert**.

- Erfolg und Selbstbewusstsein schaffen **Energie** und Motivation für neue, höherwertige Ziele.
- Ziele definieren **Zuständigkeiten** und Verantwortungsbereiche.

Dieser Ablauf entspricht dem **Grundbedürfnis** des Menschen nach **Orientierung, Sicherheit und Leistung.** Selbst- und Zeitmanagementtechniken sind Hilfsmittel, um die richtigen Ziele in angemessener Zeit zu erreichen. Die ziellose Anwendung von Techniken ist hingegen reiner Aktionismus.

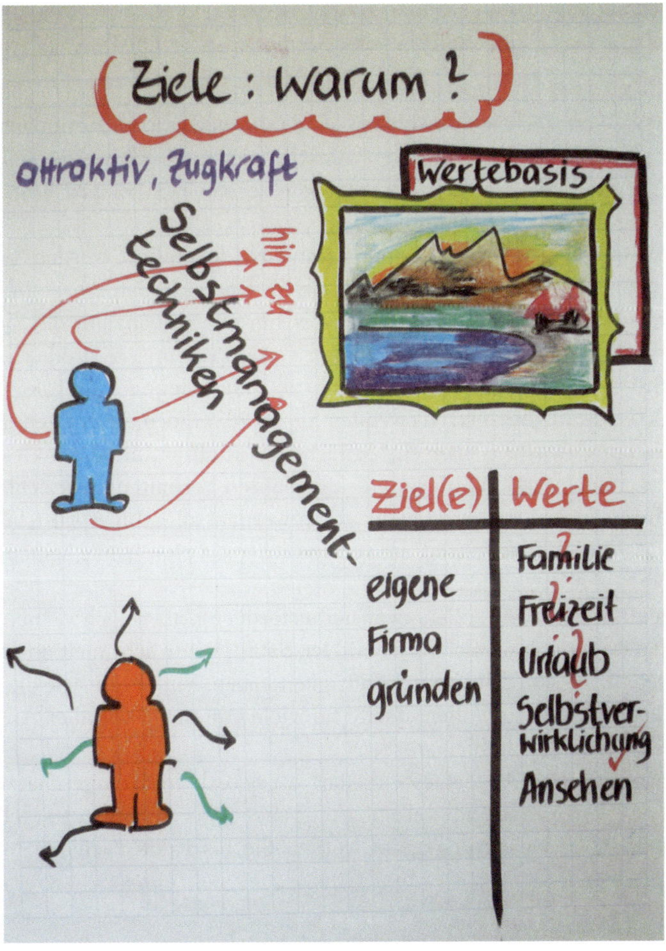

SMART

So formulieren Sie Ziele richtig

Silvestervorsätze und bewusste Zielarbeit unterscheiden sich vor allem darin: Bewusst formulierte **Ziele** sind ernst gemeint und werden mit methodischer Unterstützung entwickelt, formuliert und schriftlich festgehalten. Dadurch haben Ziele auch einen hohen Verbindlichkeitsgrad. Ob im Selbstmanagement oder in der Führungsarbeit:

Gut formulierte Ziele sollten wenigstens den fünf **„SMART"**-Kriterien genügen:

- **S – Spezifisch**. Ziele sollen konkret, eindeutig und präzise formuliert sein, damit sie nicht fromme Silvesterwünsche bleiben. „Ich werde gesünder leben!" sollten Sie ersetzen durch „Ich esse einen Apfel pro Tag." „Ich nehme die Treppe statt den Lift!"
- **M – Messbar**. Es müssen Leistungsstandards formuliert werden, anhand derer überprüft werden kann, wann ein Ziel erreicht ist. Absatzmengen, Qualitätsgrade, Produktivitätszahlen bis hin zur Kiloanzahl, die Sie sich vorgenommen haben abzunehmen. „Wir verdoppeln unsere Produktion auf 4000 Stück." oder „Ich nehme fünf Kilo ab, dann wiege ich 73 Kilo."
- **A – Aktivitätsorientiert**. Verwenden Sie positive Formulierungen bei der Beschreibung, was Sie oder Ihr Mitarbeiter künftig tun werden; es geht hier um eine Operationalisierung des geplanten Verhaltens. Verzichten Sie auf Anweisungen, was *nicht* mehr getan werden soll. „Im April trinke ich nur Wasser und Fruchtsäfte!" ist verbindlicher als „Ich trinke keinen Wein mehr."
- **R – Realistisch**. Ziele sollen zwar herausfordernd, aber nach vernünftiger Einschätzung auch erreichbar sein. Der Satz: „Wenn ich mich anstrenge, dann schaff ich's!", sollte immer Gültigkeit haben. Eine Figur wie die Chippendales erlangen zu wollen, dürfte für viele von uns trotz aller Anstrengung nur Wunschbild bleiben.
- **T – Terminierbar**. Auch der Zeitbedarf muss realistisch eingeschätzt werden. Jede Zielvorgabe und -vereinbarung endet aber zu einem festgelegten Zeitpunkt. „Wieviele Kilogramm werden Sie bis Ende nächsten Monats verloren haben?"

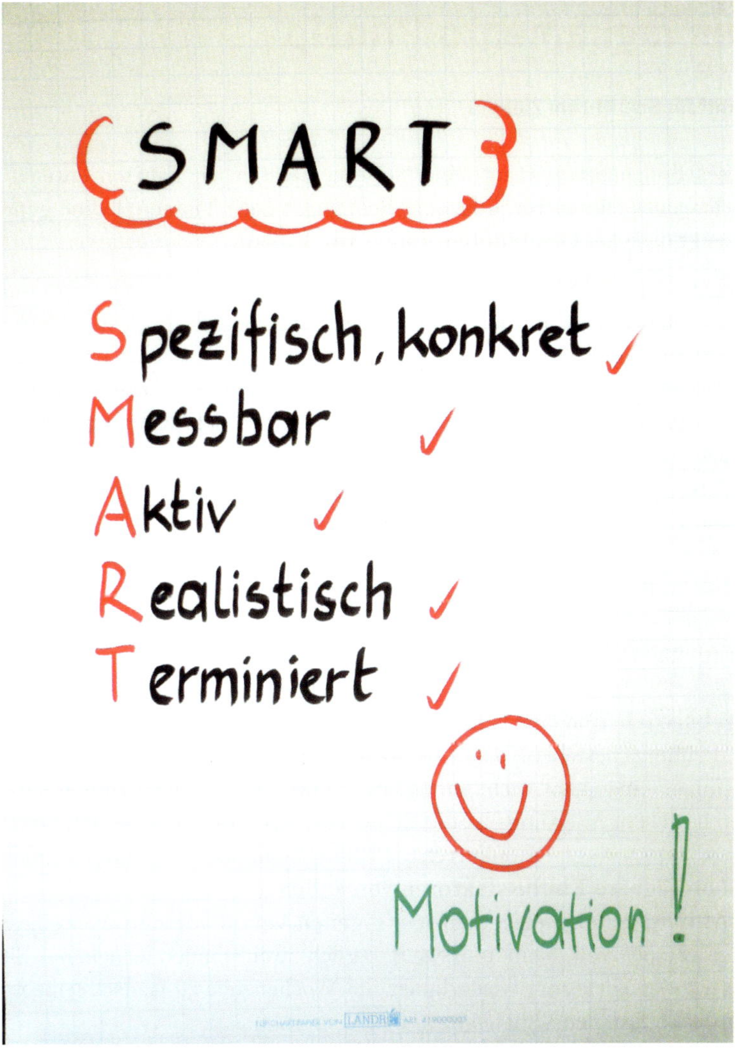

Freude ist der Lohn für Anstrengung

Das Tagliamento-Prinzip

Schritt für Schritt zum Ziel

Dieses Bild haben wir auf einer unserer zahlreichen Fahrten entlang des Tagliamento zu unseren Coaching-Seminaren nach Tissano/Udine geprägt. Es zeigt die zwei **Grunddimensionen von Zielen**:

- Ich möchte den Fluss überqueren. Wenn ich am anderen Ufer angekommen bin, habe ich mein Ziel erreicht. Der Endzustand ist feststellbar: Ein **Ergebnis** liegt vor.
- Ich kann selbst viel dazu beitragen, um an das gegenüberliegende Ufer zu gelangen: Ich kann eine geeignete Stelle suchen, ich kann einzelne Steine nacheinander ins Bachbett legen, ich muss also **Aktivitäten** entwickeln, um drüben anzukommen. Garantie für das Gelingen habe ich trotzdem keine, aber ich habe getan, was ich tun konnte.

In diesem Bild zeigen sich die Wesensmerkmale von

- Ergebniszielen und
- Aktivitätszielen.

Ergebnisziele sind eine Einheit, etwas Ganzes: am anderen Ufer ankommen, die Prüfung bestehen, das Projekt abschließen, die Europameisterschaft gewinnen – man kann nicht ein bisschen gewinnen oder die Prüfung ein bisschen bestehen. Allerdings ist die Erreichung der Ergebnisziele nicht nur von uns selbst abhängig: Konkurrenz, Prüfungskommission, Wetter, Zulieferer sind **unwägbare Einflussfaktoren von außen**.

Aktivitätsziele liegen in meiner **eigenen Verantwortung**. Wer eine Prüfung bestehen will, kann/muss z. B. täglich zwei Stunden lernen, das Skriptum aus der Vorlesung wiederholen, am Wochenende zu Hause bleiben, täglich sieben Stunden schlafen etc.

So nehmen Sie Ihre Zukunft selbst in die Hand

Zerlegen Sie Ihre Ergebnisziele in ausreichend viele Aktivitätsziele und arbeiten sie diese Schritt für Schritt ab. So werden Sie durch viele kleinere Erfolge bei Laune gehalten, das größere Ergebnisziel zu erreichen.

Zum Weiterlesen:
Jörg Zeyringer, Die 11 Gesetze der Motivation im Spitzenfußball

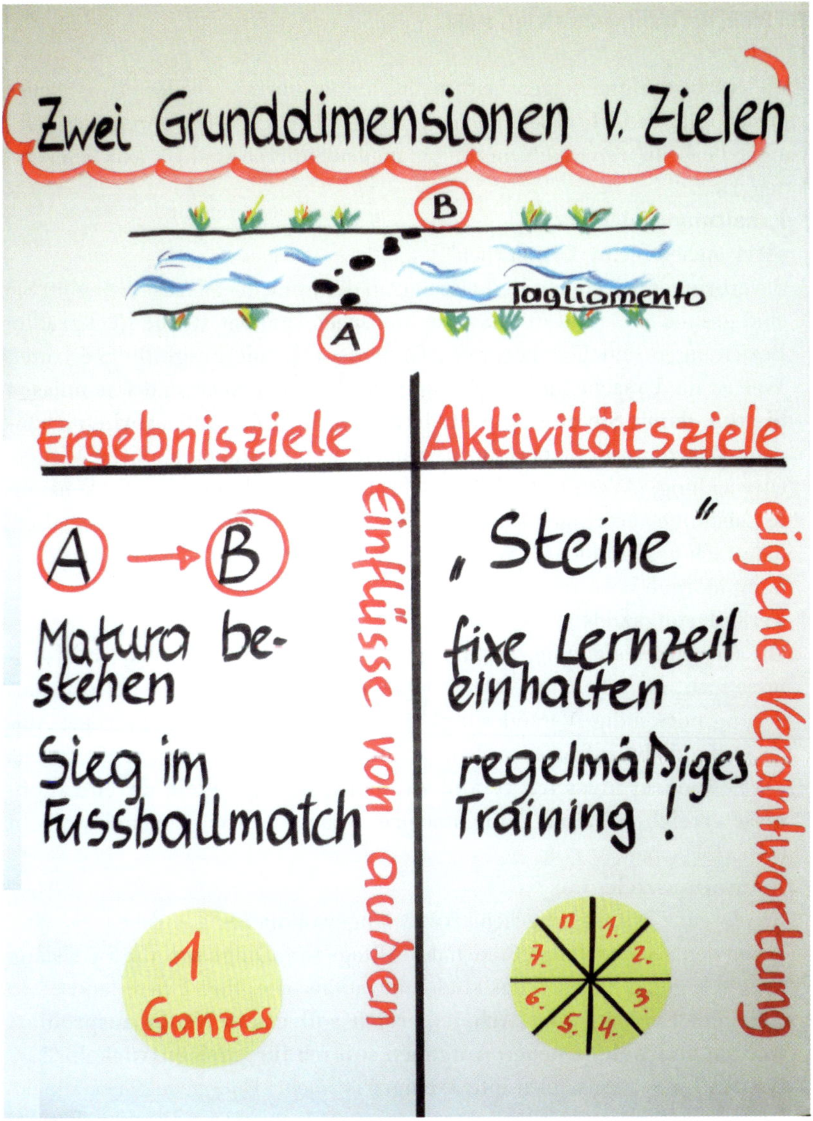

Den Erfolg aktiv ansteuern

Nicht schon wieder etwas Neues!

Ein Pfeil, der nicht mehr steigt, sinkt.

Ziele erarbeiten und setzen heißt nicht, immer nur mehr oder etwas Neues von sich oder den Mitarbeitern zu verlangen. Das Gute bewahren, Veränderungen herbeiführen und Neuerungen implementieren sind verschieden Zielkategorien.

* **Erhaltungsziele**
  „Wer stehen bleibt, fällt zurück!"
  Sie erbringen wirklich gute Leistung, an der es nichts auszusetzen gibt. Sie sind gesund und tatkräftig. Solche Menschen sind das stabile Rückgrad in Beziehungen und Unternehmen. Die entscheidende Frage für Sie lautet: Was ist die Ursache für den Erfolg in der Vergangenheit und **was müssen Sie tun, damit Sie diese gute Leistung auch in Zukunft erbringen** können? Das zentrale Steuerungsinstrument ist hier die persönliche Weiterentwicklung: „Was muss ich heute lernen, damit ich mittelfristig konstante Leistungen erbringen kann? Wie kann ich mein Leben in Balance halten, damit ich gesund bleibe? Was kann ich heute dafür tun, dass meine Beziehung morgen noch trägt?"
* **Veränderungsziele**
  Oft aber laufen die Dinge nicht so gut, Sie können die vereinbarten Ergebnisse nicht erreichen, müssen Termine überschreiten – hier ist also Veränderung notwendig. Veränderungsziele beziehen sich immer auf eine Aufgabe, die nicht zufriedenstellend erfüllt wird. Sie stellen sich die Frage: **„Was konkret muss ich verändern, damit ich die vereinbarten Ergebnisse erreichen kann?"** Eine fundierte Analyse des Ist-Zustandes erhöht die Erfolgschance.
* **Innovationsziele**
  Etwas ganz Neues anpacken, etwas Ungewöhnliches anstreben, Schritte neben den ausgetretenen Pfaden des Alltags tun, Dinge tun, die Sie bislang noch nie getan haben – das sind Innovationsziele. Ihre Frage lautet: **„In welchem Lebens- oder Arbeitsbereich soll etwas Neues ausprobiert werden und welche neuen Aufgaben soll ich für mich entwickeln?"**
  Bei den Innovationszielen gilt: Weniger ist mehr! Eine neue Sache alle ein oder zwei Jahre. Aber Innovationsziele sind **Motivation pur** und halten bei klugem Einsatz in Beruf und Leben bei Laune.

Sie nehmen Ihre Zukunft selbst in die Hand, indem Sie die Zielhierarchien bewusst unterscheiden und sich durch Neuerungen in Ihrem Leben selbst motivieren.

Zum Weiterlesen: Jörg Zeyringer, Der Treppenläufer

erhalten – verändern – erneuern

Der erfolgreiche Mensch

„Der erfolgreiche Mensch sitzt im Zug des Lebens und steht nicht Zeit seines Lebens an der Haltestelle!“

Vera Birkenbihl

Erfolgreiche Menschen machen fast alles besser als andere und sind sich ihrer Möglichkeiten bewusst. Erfolg ist das Resultat der optimalen Nutzung vieler Faktoren, die zusammenwirken und einander ergänzen. Erfolgreiche Menschen sind dankbar für das Glück, das ihnen zugefallen ist, sie arbeiten aber auch hart an der Erweiterung ihres Verhaltensrepertoires und ihrer Möglichkeiten.

Erfolg können Sie trainieren, hier haben Sie die Spielregeln:

Der erfolgreiche Mensch

- kann sein **Leben aktiv gestalten** und seine Handlungen zeigen die gewünschte Wirkung.
- steht zu den **eigenen Leistungen** und ist mit ihnen zufrieden.
- muss sich nicht ständig hinter Rollen verstecken und kann **authentisch leben**.
- akzeptiert, dass **Menschen aufeinander angewiesen** sind und zueinander in Gegenabhängigkeit stehen.
- kann seine **Stärken und Schwächen** realistisch **einschätzen** und einsetzen und kann Rückschläge verkraften.
- **lebt** vor allem im Hier und Jetzt, in der **Gegenwart.**
- kann **Gefühle** wahrnehmen und ausdrücken.
- kann, wo es angebracht ist, spontan, herzlich und mitfühlend sein.
- hat sich die (kindliche) **Freude** an den kleinen Dingen des Lebens bewahrt und ist optimistisch.
- zeigt **Ausdauer und Disziplin,** wo es die Situation erfordert.
- **nimmt** an seiner Mitwelt regen **Anteil**.
- setzt sich **realistische Ziele** und geht lösungsorientiert vor.
- verzichtet auf Manipulation und sieht **Offenheit und Ehrlichkeit** als Basis für gute Beziehungen.
- setzt seine **Talente** sinnvoll für positive Ziele ein und zielt auf das Wachstum aller.
- sieht in **Fehlern eine Lernchance**.

So nehmen Sie Ihre Zukunft selbst in die Hand

Tragen Sie in untenstehende Tabelle zunächst Ihre realistische Selbsteinschätzung ein, gehen Sie dann die Punkte noch einmal durch und definieren Sie die gewünschte Entwicklung durch ein neues Kreuzchen (X). Verbinden Sie X mit X zu einer Profillinie und färben Sie die so entstandene Fläche an. Damit haben Sie Ihre Entwicklungsnotwendigkeiten bildhaft festgelegt.

Zum Weiterlesen: Vera Birkenbihl, Der persönliche Erfolg

Der erfolgreiche Mensch: Ein Profil

	++	+	0	−	−−
Ich kann mein Leben aktiv gestalten und Handlungen setzen, die die gewünschte Wirkung zeigen.					
Ich stehe zu meinen Leistungen und bin mit ihnen zufrieden.					
Ich kann authentisch leben und muss mich nicht ständig hinter Rollen verstecken.					
Ich kann akzeptieren, dass ich auf andere Menschen angewiesen bin und mit ihnen in Gegenabhängigkeit stehe.					
Ich kann meine Stärken und Schwächen realistisch einschätzen und einsetzen.					
Ich kann Rückschläge verkraften und neue Lösungswege anpacken.					
Ich lebe vor allem im Hier und Jetzt.					
Ich kann Gefühle wahrnehmen und ausdrücken und wo es angebracht ist spontan, herzlich und mitfühlend sein.					
Ich habe mir die kindliche Freude an den kleinen Dingen des Lebens bewahrt und bin optimistisch.					
Ich habe Ausdauer und Disziplin, wo es die Situation von mir erfordert.					
Ich nehme regen Anteil an meiner Mitwelt.					
Ich setze mir realistische Ziele und gehe lösungsorientiert vor.					
Ich verzichte auf Manipulation und sehe Offenheit und Ehrlichkeit als Basis für gute Beziehungen.					
Fehler sind für mich eine Lernchance.					

Das eigene Verhaltensrepertoire mit System erweitern

Meine Motivationsbilanz

Das Ergebnis dieser Übung wird Sie überraschen! Sie sehen auf einen Blick, wie es um Ihre Motivation bestellt ist. Und das ist nach ein bisschen Nachdenken meistens viel besser, als das vordergründige Gefühl sagt. Der Mensch neigt dazu, Störendes und Ärgerliches in den Vordergrund zu rücken und sich im Jammertal und in der „Raunzerzone" einzunisten. **Steuern Sie gegen!** Mit System und Methode.

So gehen sie vor:

- Sie wählen einen **Focus**: den Beruf, das Privatleben, die Beziehung oder sonst ein Lebensthema, das Sie sich anschauen möchten.
- Dann sorgen Sie dafür, dass Sie ungestört ausreichend **Zeit** für sich haben und suchen sich einen guten Platz für entspannte Arbeit.
- Nun nehmen Sie einen Streifen Papier, etwa 10 x 50 Zentimeter. Sie beginnen am oberen Rand des Streifens, alles aufzuschreiben, was Sie z. B. an Ihrer Arbeit freut, was Ihnen leicht von der Hand geht, worauf Sie stolz sind, wo Sie etwas lernen dürfen, wo Sie sich gerne engagieren, wo Sie Probleme lösen können, wo Sie Ihre Kreativität einsetzen können, was Sie mit Optimismus erfüllt, also alles, was Ihnen **Freude macht** und Ihnen gefällt. Lassen Sie sich Zeit, manchmal dauert es einige Minuten, bis die Gedanken aus der Feder fließen.
- Dann stellen Sie das Blatt auf den Kopf und wenden sich den ärgerlichen und belastenden Seiten Ihres Lebens zu. Lassen Sie auch hier Ihren Gedanken freien Lauf und notieren Sie alles, was Ihnen **auf der Seele lastet**.
- Nun **gewichten Sie** die beiden **Seiten**. Nicht die Anzahl der Eintragungen ist gemeint, sondern deren Gewicht. 80 positiv : 20 negativ? 50:50 ? Unsere Erfahrung zeigt, dass bei genauer Analyse meist die positive Seite erheblich überwiegt.
- Im nächsten Schritt übermalen Sie mit Wachskreiden Ihre Eintragungen und drücken damit bildhaft Ihre **Bilanz** aus.
- Nun setzen Sie einen Schlüssel an und überlegen, was **Sie persönlich tun können**, um die Bilanz zumindest um ein paar Prozent zu verbessern. Nicht, was andere tun müssten oder die Firma oder die Weltwirtschaft: Sie persönlich.
- Diese Punkte schreiben Sie sich auf und gehen Schritt für Schritt in die **Umsetzung**. Ihr Leben wird sich verbessern.

Anmerkung für Trainer: Wenn Sie die Streifen einer Gruppe auf der Pinnwand aufhängen, gibt das ein eindrucksvolles Bild und Anlass für viele Reflexionsgespräche.

Lassen Sie nach einer Phase der Einzelarbeit zuerst die positive, danach die negative Seite und anschließend die Veränderungspotentiale in Kleingruppen besprechen. Das ist sehr ertragreich.

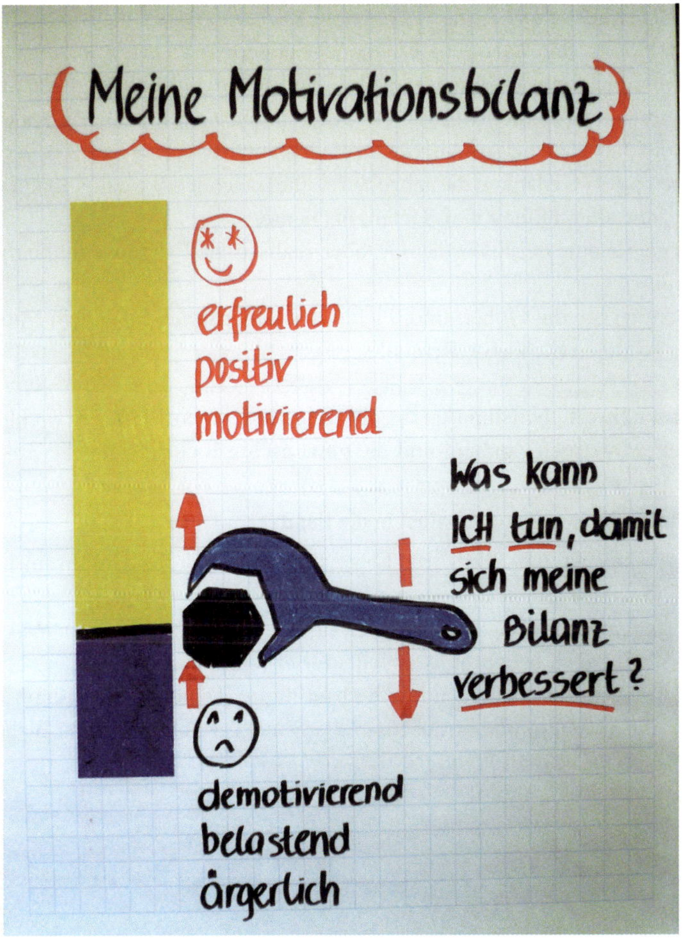

Die eigene Motivationsbilanz verbessern

Time-Line – meine Lebenslinie

Sehr einfach und sehr wirkungsvoll zugleich ist die Aufgabe, die eigene **Lebenslinie** zu zeichnen:

- Zeichnen Sie eine waagrechte Linie als Zeitleiste. Bringen Sie eine Skala an, nach oben für Positives/Zufriedenheit/Wohlfühlen,
- nach unten für Negatives/Frustration/Enttäuschung.
- Wählen Sie, wofür Sie die Lebenslinie zeichnen: das Leben insgesamt, die private Seite, den Beruf, die Firma oder anderes.
- Wählen Sie einen geeigneten Zeitabschnitt, um Aufschlüsse über die Vergangenheit zu bekommen und ein Stück in die Zukunft blicken zu können, z. B. 15 Jahre zurück und drei Jahre nach vorne.
- Gehen Sie in Gedanken die Jahre durch und zeichnen Sie dabei Ihre Lebenslinie, mit allen Höhen und Tiefen, bis heute.
- Wagen Sie eine herausfordernde, aber realistische Prognose in die mittlere Zukunft.
- Benennen Sie die Höhen und Tiefen der Lebenslinie mit einem Stichwort oder zeichnen Sie kleine Symbole.

Damit ist Ihre Lebenslinie fertig. Sie zeigt auf einen Blick Entwicklungen, den gegenwärtigen Zustand und die gewünschte Richtung für die Zukunft.

So nehmen Sie Ihre Zukunft selbst in die Hand

- Besprechen Sie das Bild Ihrer Lebenslinie mit anderen aus Ihrem Umfeld oder in einer kleinen Gruppe im Seminar.
- Überlegen Sie für jedes wichtige Ereignis (Höhen und Tiefen): Was hat es damals für mich bedeutet, was bedeutet es jetzt?
- Lässt sich in der Lebenslinie eine bestimmte Tendenz oder Logik erkennen? Ist die Zukunftsbetrachtung eher eine Verlängerung des Bisherigen oder braucht es eine Wende?

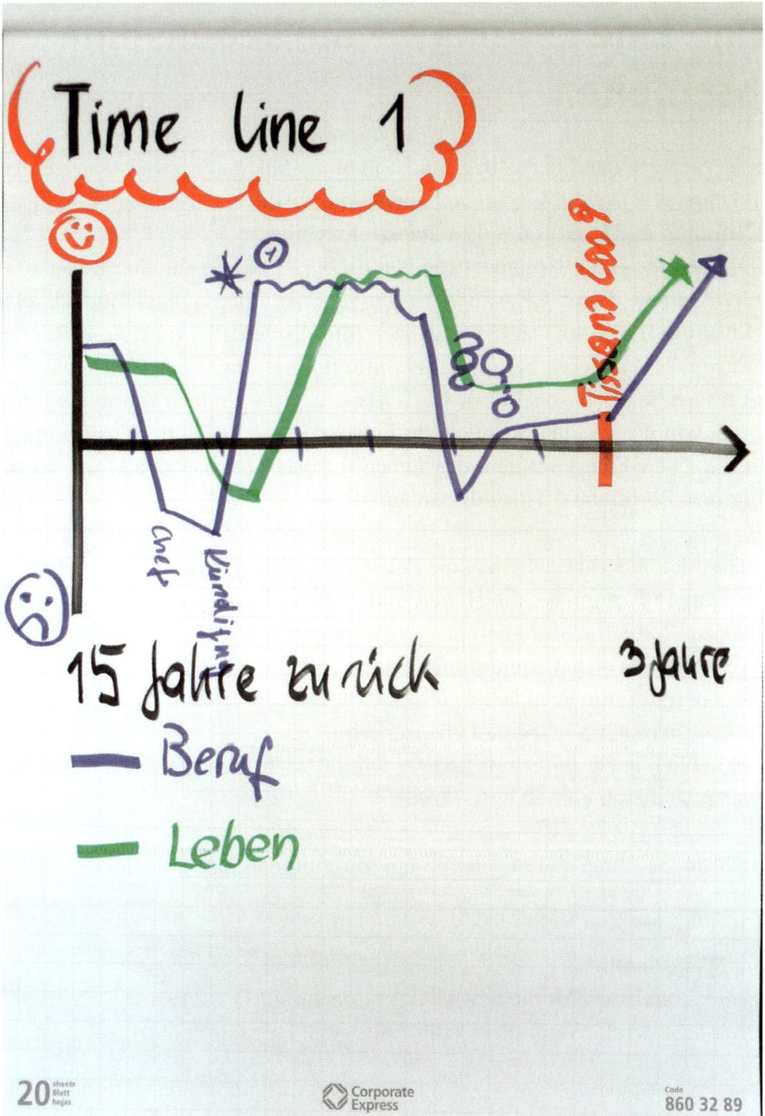

Übung: Zeichne die eigene Lebenslinie

Time-Line „strong“ – die Lebenslinie abschreiten

Diese Variante der Lebenslinie macht man am besten zu zweit oder zu dritt. Eine Person schreitet die eigene Lebenslinie ab, die anderen begleiten mittels Nachfragen und Zuhören. – Ein starkes Erlebnis!

Kleben Sie einen Kreppstreifen von ca. 4,5 m Länge auf den Boden.

Wählen Sie das eine Ende als Ausgangspunkt (Ihre Geburt) und das andere Ende als Ihr Alter von ca. 82 Jahren (durchschnittliche Lebenserwartung in Europa). Markieren Sie die Jahrzehnte und den heutigen Zeitpunkt. Und nun lassen Sie sich von Ihrem Begleiter/Ihren Begleitern durch Ihr Leben führen, von der Geburt bis heute und weiter in die Zukunft. Wiederum können Sie einen Fokus wählen: das Leben insgesamt, Ihr Privatleben, Ausbildung und Beruf, die Firma oder anderes.

Sie erzählen aus Ihrem Leben, die Begleiter hören zu und fragen nach:

- Besondere Ereignisse, die Höhen und Tiefen, Wendepunkte
- Worauf bin ich stolz?
- Wo kündigen sich Veränderungen an?
- Was bereitet mir Freude?
- Wie sichere ich mir meine Lebensenergie?
- Schließlich auch die Frage „Bringe ich die wichtigen Dinge auch zu Ende, was möchte ich einmal hinterlassen?“

Leonardo da Vinci meinte in diesem Zusammenhang: „Bedenke das Ende wohl.“

Zum Weiterlesen:
Werner Vogelauer, Methoden-ABC im Coaching (S. 44/45)
Lothar J. Seiwert, Wenn du es eilig hast, gehe langsam (S. 70)

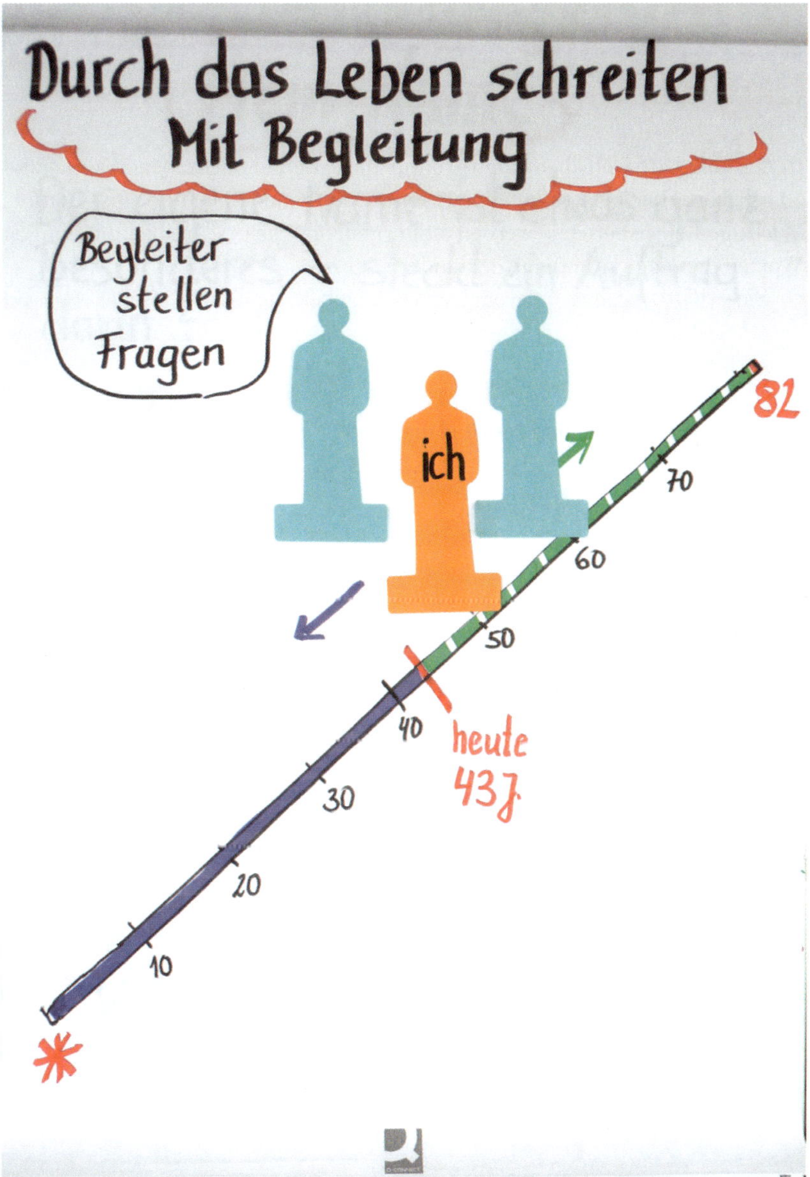
Durch das Leben schreiten
Mit Begleitung
Begleiter stellen Fragen
ich
82
70
60
50
40
heute 43 J.
30
20
10

Wo stehe ich gerade? – Zustandsbewertung wichtiger Lebensbereiche

In der Geschäftswelt dient die Inventur dazu, den momentanen Warenstand zu erheben. Hier geht es um eine Inventur der momentanen Lebenssituation. Wichtige Lebensbereiche werden aufgerufen und Sie beschreiben mit einigen Worten den gegenwärtigen Zustand.

Sie erhalten damit differenziertere Angaben zu Ihrer Einschätzung auf der Time-Line beim Punkt „heute“: Warum bin ich mehr im zufriedenen bzw. unzufriedenen Bereich?

So nehmen Sie Ihre Zukunft selbst in die Hand

- Beschreiben Sie für jeden Lebensbereich in Stichworten oder kurzen Sätzen Ihre gegenwärtige Situation.
- Bewerten Sie die einzelnen Lebensbereiche: Wo bin ich zufrieden, wo nicht?
- Markieren Sie maximal drei Lebensbereiche mit einem roten Punkt, soll heißen: Hier will ich weiterarbeiten, mich verbessern und entwickeln.

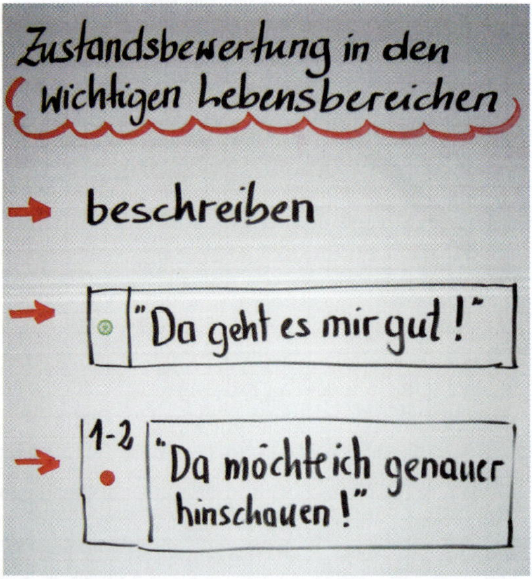

Zum Weiterlesen: Michael J. Gelb, Das Leonardo-Prinzip

Zustandsbewertung in den wichtigen Lebensbereichen

Menschen – Wie sehen meine Beziehungen jetzt aus?	
Karriere – Wo stehe ich gegenwärtig in meiner Karriere?	
Finanzen – Wie ist meine finanzielle Lage? Ausgaben, Schulden, Einnahmen?	
Wohnen – Wie ist meine Lebenssituation?	
Besitz – Was besitze ich?	
Gesundheit – Wie fit bin ich? Wie ist es um meinen Energiehaushalt bestellt?	
Vergnügen – Genieße ich das Leben?	
Gutes bewirken – Was tue ich anderen Gutes?	
Reisen – Wo bin ich gewesen?	
Lernen – Wo liegen meine größten Bildungslücken?	
Ich selbst – Welche Person bin ich? Wo liegen meine Stärken und Schwächen?	
Wertvorstellungen – Wo liegt der Unterschied zwischen den Wertvorstellungen, die ich gerne hätte, und denen, die ich jetzt habe (gemessen an meinen Handlungen und Verhaltensweisen)?	
Partnerschaft – Wie lebe ich sie? Wie entwickelt ist sie?	
Image – Welches Ansehen genieße ich? Wie werde ich von anderen gesehen?	

Das Beziehungssparschwein

„Spare in der Zeit, dann hast du in der Not!"

Beziehungen müssen entwickelt und gepflegt werden. Das Managen von Beziehungen ist immer zuerst die vornehme Pflicht und Vorleistung des stärkeren Parts, ob im Privaten, Betrieblichen oder gar im Zwischenstaatlichen.

Am Beispiel der **Führungskraft**:

- Alles, was Sie tun oder auch nicht tun, findet seinen Niederschlag auf einem „Beziehungskonto" Ihres Mitarbeiters. Die Frage ist, ob es sich auf der „Haben-" oder der „Sollseite" zu Buche schlägt. Mit den Beziehungen zu den Mitarbeitern verhält es sich ähnlich wie mit einem **Sparschwein**. (nach Jörg Zeyringer: www.zeykom.at)

Warum?

- Es dauert lange, bis ein Sparschwein voll ist.
- Sie sparen in der Zeit, um in der Not etwas zu haben.
- Wer nichts hineinsteckt, kann auch nichts herausnehmen.
- Sie können nur soviel herausnehmen, wie Sie vorher hineingesteckt haben, manchmal auch weniger.
- Man kann sowohl Beziehungen als auch Sparschweine zerschlagen.
- Wenn sie einmal kaputt sind, dann sind sie schwer wieder zu reparieren.
- Man kann ganz unterschiedliche Währungen verwenden.

„Spare in der Not, da hast Du Zeit dazu!" ist der falsche Ansatz. Nütze die guten, ruhigen Zeiten, um zu investieren, dann hast Du ein tragfähiges Polster, um Krisen besser zu bewältigen. Entscheidend ist, zu wissen, welche Sparform und Währung für welchen Mitarbeiter die richtige ist. Den Mitarbeiter wahrnehmen, als Mensch akzeptieren und gute Leistungen anerkennen und loben ist eine Universalwährung. Langfristig muss das Beziehungskonto ausgeglichen bilanzieren. Es darf auf Dauer kein erhebliches Ungleichgewicht zwischen Geben und Nehmen entstehen.

So nehmen Sie Ihre Zukunft selbst in die Hand

Tragen Sie in einen Raster ein, was Sie sich von einem Mitarbeiter erwarten und was Sie tatsächlich von ihm bekommen. Und dann der Gegencheck: Tragen Sie ein, was sich dieser Mitarbeiter vermutlich von Ihnen erwartet und was er tatsächlich von Ihnen bekommt. Wenn Sie jedem der vier Felder einen Punktwert zwischen 1 und 10 geben und diese Punkte gegenrechnen, erhalten Sie eine interessante Bilanzsumme.

Diese Abrechnung kann auch für das persönliche Beziehungsleben sehr erhellend sein.

Zum Weiterlesen:
Malischewski Thomas/Thiel Frank, Beziehungsmanagement: Relating – die Kunst, gute Beziehungen aufzubauen

Die Erwartungen mit der Wirklichkeit vergleichen

Denken und Handeln im Regelkreis

„Erfolg ist die Folge dessen, was wir zuerst erdacht haben."
Vera Birkenbihl

Die inneren Bilder im Kopf prägen unsere Zukunft.

Jemand erhält ein oder setzt sich ein Ziel – wird das auch umgesetzt? Was begünstigt und was verhindert die Umsetzung? Wie „ticken" erfolgreiche Menschen?

Der **Regelkreis des Handelns** zeigt in vier Schritten den Weg vom Ziel zum Erfolg:

- Der Regelkreis beginnt mit einem Vorhaben, selbstgewählt oder von außen übertragen. Wir assoziieren den Begriff „Aufgabe" eher mit „etwas ist abzuarbeiten", während wir „Ziel" eher mit einem „gewünschten Ergebnis" verbinden. Deshalb sollten Sie nach Möglichkeit Aufgaben in Ziele fassen, am besten in Ziele, die herausfordernd, realistisch und ansprechend sind.
- Ist das Ziel/die Aufgabe sinnvoll? Ist sie wichtig? Passt sie zu mir? Ziele bzw. Aufgaben werden sofort mit den eigenen inneren Einstellungen und Überzeugungen in Beziehung gebracht. Die Ebene der Werte, Normen und Motive nimmt eine Bewertung der Ziele vor. Zuständig dafür ist das Limbische System im Gehirn. Diese Bewertungen führen augenblicklich zu Bildern von dem erreichten Ziel, von dessen erfolgreicher Umsetzung, z. B.: „Ich springe vom 3-m-Brett und tauche elegant ins Wasser ein." Im negativen Fall führen die Bewertungen zu Bildern des Vermeidens oder Scheiterns, z. B.: „Ich klatsche wieder mit dem Bauch aufs Wasser, ich spüre schon, wie höllisch weh das tut." Die Folge ist klar: Die inneren Bilder bestimmen das weitere Handeln.

Regelkreis des Handelns – Gedanken haben die Tendenz, Wirklichkeit zu werden.

- Die Entscheidung fällt: Bei einem erstrebenswerten Bild bzw. Gefühl gehe ich rasch und zupackend an die Aufgabe heran. Bei einem diffusen Bild zögere ich oder beginne vorerst mit Nachdenken, um Pro- und Contra-Aspekte abzuwägen. Bei einem negativen Bild trachte ich danach, der Aufgabe zu entkommen.
- Eine interessante Beobachtung ist, wie die Sprache das innere Befinden widerspiegelt. So sagt jemand: „Packen wir es an." Während ein anderer sagt: „Das wird schwierig." Oder „Schauen wir mal, dann sehen wir schon."
- Der Entscheidung folgt das Handeln. Auch dieses kann aktiv oder vermeidend sein. Für erfolgreiches Handeln werden Fähigkeiten und Arbeitstechniken gebraucht, für umfangreichere Vorhaben auch Durchhaltefähigkeit.

Nun schließt sich der Regelkreis:

Wird durch das Handeln mein Ziel erreicht, habe ich ein Erfolgserlebnis und ein Gefühl der Freude entsteht. Wird das Ziel nicht erreicht und ist das positive Bild stark genug, nehme ich einen weiteren Anlauf, das Ziel zu erreichen.

Das Modell des Regelkreises können Sie nützen, um mit vereinten Kräften (Vorstellungskraft und Wille) zum Erfolg zu gelangen. Entwickeln Sie mit Hilfe der Vorstellungskraft positive Bilder, laden Sie sich damit auf. Nützen Sie Ihre Willenskräfte, um passende Entscheidungen zu treffen und diese umzusetzen.

Daraus entsteht die wichtige Erkenntnis: Gedanken und innere Bilder haben die Tendenz, sich zu verwirklichen.

Die **Penrose-Treppe** liefert ein einprägsames Bild dazu:

Von positiven Bildern angetrieben, steigt der Erfolgsorientierte die Stufen hinauf, immer weiter, während negative Bilder den Vermeider nach unten führen. Beide sagen „Ich hab's eh gewusst" und sehen sich bestätigt.

Geometrisch ist diese Treppe eine optische Täuschung, im Leben aber ein Sinnbild für die Erfolgsleiter.

Male dir die Zukunft aus!

„Wenn das Leben keine Vision hat, nach der man strebt, nach der man sich sehnt, die man verwirklichen möchte, dann gibt es auch kein Motiv, sich anzustrengen."

Erich Fromm

Warten Sie nicht, welche Bilder in Ihnen entstehen, wenn Sie an die Zukunft denken. Entwickeln Sie lieber selbst ein Bild, das all Ihr **Zukunftsstreben** nach Glück und Erfolg enthält!

Sie haben in der Übung „Time-Line" Ihre Lebenslinie in die Zukunft weitergezeichnet und eine Wunschprognose für die nächsten ca. drei Jahre erstellt. Versetzen Sie sich nun um diese Zeitspanne in die Zukunft: In zwei oder drei Jahren, wie ist es dann, wo befinden Sie sich, was ist umgesetzt? In welchen Bildern und Farben lässt sich dieser Zustand ausdrücken? Zeichnen Sie keine oder nur wenige Details, drücken Sie Gefühle in kräftigen Farben aus! Legen Sie Ihre Wünsche und Sehnsüchte in das Bild!

Malen Sie, lassen Sie entstehen, malen Sie weiter – und erfreuen Sie sich schließlich an einem prächtigen Bild, das Ihnen Kraftquelle für das Erreichen Ihrer nächsten Ziele sein wird.

So nehmen Sie Ihre Zukunft selbst in die Hand

- Schaffen Sie sich eine angenehme Umgebung, legen Sie ein A3-Blatt und kräftige Wasserfarben oder weiche Ölmalkreiden bereit. Malen Sie Ihr Zielbild, Ihre Vision!
- Texten Sie Ihre Vision! Auch starke Worte sind geeignet, die Zukunft positiv aufzuladen. Beschreiben Sie Ihre Zielvorstellung in einem kurzen Statement. Einen starken Text erkennen Sie daran, dass ein Energiestrom den ganzen Körper durchfährt, wenn Sie ihn lesen.

Ein kraftvolles Zukunftsbild

100 Fragen, die für mein Leben wichtig sind

Die Idee zu dieser Übung geht auf Leonardo da Vinci zurück. Leonardo hatte stets ein kleines Notizbuch bei sich, um alles Mögliche festzuhalten: kleine Geschichten, Zitate, Gedanken, Ideen, natürlich Zeichnungen und manchmal auch die Einkaufsliste.

Ca. 15.000 Seiten sind so in seinem Leben zusammengekommen. Das Durchblättern der Notizbücher macht eine ertragreiche Zusammenschau möglich: Was ist längerfristig wichtig? Was ergänzt sich? Was möchte ich weiter verfolgen?

Die folgende **Übung der 100 Fragen** ist eine Art „Leonardo im Zeitraffer":

- Schaffen Sie sich eine angenehme Umgebung und legen Sie ausreichend Papierblätter bereit. Schreiben Sie als Überschrift: „100 Fragen, die für mein Leben wichtig sind".
- Nun folgt eine längere Phase des **Brainwritings**: Alle Fragen und Themen, die Ihnen zu Ihrem Leben in den Sinn kommen, schreiben Sie der Reihe nach auf. Alle Gedanken sind o.k. Schreiben Sie alles auf, auch wenn sich manches wiederholt.
- Müssen es 100 Fragen sein? Nein, „100" steht symbolhaft für „sehr viele". Allerdings sind die ersten 20 Punkte, die man aufschreibt, meist etwas, das einem ohnedies bewusst ist. Erst danach dringt man in tiefere Bewusstseinsschichten vor und entdeckt Unerwartetes, Neues, Wesentliches. Wenn der Schreibfluss einmal abbricht, werden Sie nicht ungeduldig. Warten Sie auf die nächsten Gedanken. Sie spüren, wenn Sie fertig sind.
- Nach einer kleinen Pause geht es darum, die **Fragen** zu **verdichten** (wie beim Durchblättern eines Notizbuches). Gehen Sie die Liste durch und markieren Sie die wichtigsten Fragen bzw. Themen. Fassen Sie die fünf bis zehn wichtigsten Fragen extra zusammen.
- Wählen Sie nochmals aus und finden Sie **ein bis drei allerwichtigste Fragen**. Nun besitzen Sie einen Schatz: Ein, zwei oder drei für Ihr Leben ganz wichtige Fragen, an denen weiter zu arbeiten sich lohnt.

Übung der „100 Fragen“

Ist mein Leben im Gleichgewicht?

Das Life-Balance-Modell

Wer auf Dauer erfolgreich und zufrieden sein möchte, muss Zeit und Energie auf mehrere Standbeine verteilen.

Der Arzt und Therapeut Nossrat Peseschkian hat **vier Säulen** gefunden, auf denen der persönliche Lebenserfolg steht:

- Beruf und Finanzen
- Familie und soziale Kontakte
- (Lebens-)Sinn und Kultur
- Gesundheit und Fitness

Erfolgreich und zufrieden ist ein Mensch dann, wenn es ihm gelingt, langfristig alle **vier Bereiche in Balance** zu halten. Die dauerhafte Vernachlässigung eines oder mehrerer Bereiche kann zu Fehlentwicklungen führen, die sich früher oder später als Sinnkrise oder in beruflichen, familiären oder gesundheitlichen Problemen äußern.

Um die vier Bereiche auszuloten, können sie sich folgende konkrete **Fragen** stellen:

- Was tue ich für meine Gesundheit, meinen Körper, meine Fitness? Wie ernähre ich mich?
- Wie viele Stunden am Tag und in der Woche arbeite ich? Stehen Einkommen, Wohlstand, Karriere und die erbrachte Leistung in einem akzeptablen Verhältnis zum Aufwand?
- Wie viel Zeit verbringe ich mit Familie und Freunden? Werde ich überhaupt noch eingeladen oder habe ich Einladungen schon zu oft abgesagt?
- Wann habe ich zuletzt ein gutes Buch gelesen, ein Bild gemalt, ein Konzert besucht, mir über den Sinn der Alltagsmühle Gedanken gemacht?

Diese Fragen sind unangenehm, sie müssen aber gestellt und beantwortet werden, wenn Sie auf Dauer gesund und leistungsfähig bleiben wollen.

So nehmen Sie Ihre Zukunft selbst in die Hand

Machen Sie sich ein Bild von Ihrer gegenwärtigen Life-Balance – verteilen Sie 100 Prozent auf die vier Bereiche!

Ist die Verteilung ausgewogen (15 bis 35 Prozent pro Bereich) – freuen Sie sich! Kippt die Verteilung, so überlegen Sie: Wie kann ich umverteilen? Was kann ich alleine meistern? Wer kann mir helfen?

Zum Weiterlesen:
Nossrat Peseschkian, Psychosomatik und Positive Psychotherapie

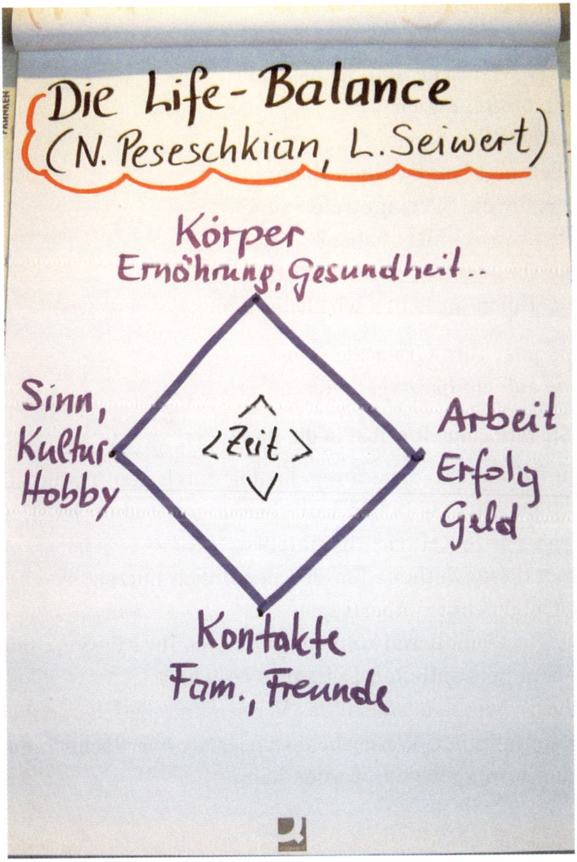

Wo liegen Ihre Schwerpunkte?

Hier ruht ...

Mission Statement

Zugegeben, es ist eine makabre Methode, aber sie wirkt.

Stellen Sie sich vor, Sie gehen zu einem bestimmten Zeitpunkt in der Zukunft zu einer Beerdigung. Ihre Bekannten, Freunde, kurz: Ihnen wichtige Menschen sind versammelt und jetzt merken Sie, dass Sie selber im Sarg liegen.

Was möchten Sie bei Ihrer **Grabrede** über diesen Menschen, über sie selbst, hören?

Ihre wahren Wünsche und Sehnsüchte?
Ihre Wertvorstellungen?
Ihre ethischen Prinzipien?
Ihre großen und langfristigen Ziele?
Die Ideale, für die Sie eingetreten sind?
Wofür Sie etwas riskiert haben?
Wofür Sie standen und gelebt haben?
Worum es Ihnen im Leben wirklich ging?

Schreiben Sie jetzt Ihre Grabrede selbst.
Sie sollten sie auf ein bis zwei Seiten unterbringen.

So nehmen Sie Ihre Zukunft selbst in die Hand

Lesen Sie Ihr Mission Statement regelmäßig durch, wenn möglich täglich. So werden Ihnen im Alltagsgeschäft Entscheidungen leichter fallen und Sie werden längerfristig Ihre Zeit richtig einteilen.

Sie können diese Methode für sich persönlich nutzen, sie aber auch sehr gut auf Ihr Unternehmen übertragen.

Wenn Sie gut formulieren können, sollten Sie Ihr Mission Statement noch einmal zu einem **persönlichen Leitsatz** verdichten.

Hinter dieser Methode stehen das Wissen und die Überzeugung, dass im Zuge der Besinnung auf Wesentliches vieles als oberflächlich enttarnt werden und dadurch weggelassen werden kann.

Zum Weiterlesen:
Steven R. Covey, Sieben Wege zur Effektivität

Wofür stehe ich eigentlich?

Das Kieselprinzip

Vorrang für die großen Lebensziele

Machen Sie mit uns ein kleines Experiment, das an einer amerikanischen Universität mit Wirtschaftsstudenten durchgeführt wurde:

Auf dem Tisch steht ein leerer 3-Liter-Wasserkrug mit einer sehr großen Öffnung. Der Vortragende nimmt ca. acht faustgroße Steine und legt sie vorsichtig in den Wasserkrug. Mehr Steine haben nun nicht mehr Platz.

Er fragt: „Ist der Krug nun voll?" Antwort der Zuhörer: „Ja."

Nun greift er unter den Tisch und holt einen Eimer mit Sand hervor. Er schüttet Sand in den Krug. Der Sand rieselt in die Lücken zwischen den großen Steinen. „Ist der Krug nun voll?" – „Nein", denn eine ganze Flasche Wasser hat auch noch Platz. Nun erst ist der Krug randvoll!

Was ist nun die Aussage dieser Vorstellung? –

„Du musst die großen Steine zuerst in den Krug füllen, später kannst du sie nicht mehr hineinsetzen."

Auf das eigene Lebensmanagement übertragen heißt das: Wer den Alltag mit all den Kleinigkeiten füllt, hat keine Zeit mehr für die großen und wichtigen Dinge.

So nehmen Sie Ihre Zukunft selbst in die Hand

- Was sind „große Steine" in meinem Leben? Dieses Buch leitet Sie an, die wirklich großen und wichtigen Themen und Ziele in Ihrem Leben herauszufinden.
- Wählen Sie einige wenige große Lebensziele aus und geben Sie diesen Vorrang!
- Von den Kleinigkeiten des Alltags machen Sie das, was dann noch Platz hat.

Wer sich zuerst all den Kleinigkeiten widmet, hat keine Zeit mehr für die großen Ziele.

2. Den Erfolg ansteuern – das Richtige richtig umsetzen

Das eigene Lebensmanagement dreht sich um zwei Dinge:

- sich die richtigen Ziele zu setzen (effektiv sein) und
- für die richtige Umsetzung der Ziele zu sorgen (effizient sein).

Beide Aspekte fließen in einer genialen siebenstufigen Übung zusammen:

Erstellen Sie die Master-Mind-Map Ihres Lebens.

Das ist eine Art Road-Map für die nächsten Jahre.

Sie bestimmen Ziele für wichtige Lebensbereiche, Sie erkunden Werte, Sie prüfen, ob die Ziele richtig sind, Sie suchen Gemeinsamkeiten und Verbindungen und Sie legen die Umsetzung fest.

So entsteht ein faszinierendes Bild Ihrer Zukunft. Mit den Ästen und Verzweigungen sieht die Master-Mind-Map einer Gehirnzelle ähnlich und prägt sich deshalb auch gut ein. So steuern Sie den Erfolg direkt an.

Eine Vision für mein Leben

Zwischen Strohfeuer und Träumerei

Eine Vision soll eine Zielvorstellung für die mittlere Zukunft sein. Sie ist Ergebnis eines kreativen Nachdenkprozesses, unterstützt von Bildern, wie ich mir die Zukunft ausmale. Die Vision entsteht in einem Freiraum, wo Schranken und Machbarkeit vorerst beiseite gelassen werden.

Eine Vision soll die inspirierende und herausfordernde Vorstellung einer zukünftigen Wirklichkeit sein. Sie soll aus den eigenen Werten und Überzeugungen entspringen und damit Zugkraft besitzen. Sie soll später eine Art Leuchtfeuer sein, auf das ich zugehe und das Orientierung und Halt bietet.

Eine Vision wird in einen starken Text gefasst, in dem die **leitenden Lebensziele** ausformuliert sind. Gemalte Bilder, die den erstrebten Zielzustand in leuchtenden Farben ausdrücken, sind eine wertvolle Ergänzung.

Eine Vision ist allerdings nur brauchbar, wenn sie auch realisierbar ist. Nach der Ausgestaltung der Zielvorstellung kommen die Überlegungen zur schrittweisen Umsetzung.

So nehmen Sie Ihre Zukunft selbst in die Hand

Überprüfen Sie die Leitziele für Ihr Leben (Vision). Stimmt die zeitliche Dimension?

- Zu kurzfristig angesetzt, wird die Vision rasch zum Strohfeuer. Eine Vision, aus der „irgendwann einmal“ etwas Großes werden soll, bleibt oft ewige Träumerei.
- Hilfreiche Visionen enthalten herausfordernde Ziele, sind realistisch und auf eine mittlere Zukunft (drei bis sieben Jahre) hin angelegt.

Zum Weiterlesen:
Walter Simon, Führung und Zusammenarbeit

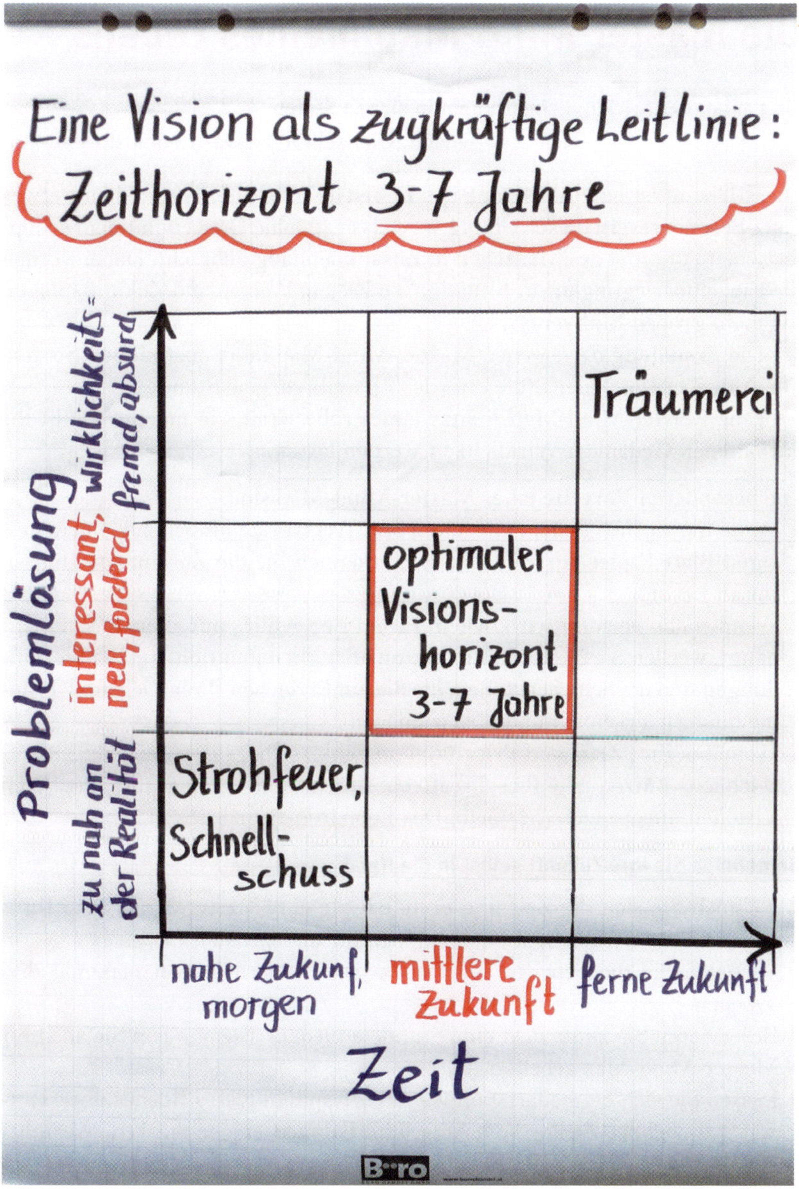

Lebensplanung für eine mittlere Zeitspanne von drei bis sieben Jahren

Die Master-Mind-Map meines Lebens

Ein geniales Entwicklungsinstrument in sieben Stufen

nach Michael Gelb „Das Leonardo-Prinzip"

Diese Übung ist eine Art Krone des **Lebensmanagements** und damit etwas ganz Besonderes. In dieser Übung wird das rationale Denken mit dem schöpferischen Potential des Menschen in Zusammenhang gebracht. Dabei werden die Einzelüberlegungen zur Situation, zu Zielen, Werten und Zukunftsplänen in einem großen Bild vereint.

Die Erstellung der eigenen Master-Mind-Map führt über **sieben Stufen**. Die Aufgaben auf jeder Stufe erfordern jeweils ca. eine Stunde Zeit.

Eine Master-Mind-Map besitzt eine große Kraft, sie möchte die in ihr enthaltenen Gedanken Wirklichkeit werden lassen.

Die besonderen **Vorteile** einer Master-Mind-Map sind:

- Wenn Sie all Ihre Ziele, Prioritäten und Wertvorstellungen auf einem einzigen Blatt Papier zusammenfassen, erkennen Sie die Zusammenhänge in Ihrem Leben.
- Wenn Ihnen bewusst wird, wie in Ihrem Leben alles mit allem zusammenhängt, werden Sie die Konflikte, die unzulänglich funktionierenden Verbindungen und die Schwachstellen, die Sie am Erreichen Ihrer Ziele und Träume hindern, erkennen und überwinden.
- Wenn Sie Ihre Ziele und Prioritäten in Schlüsselbegriffen und Bildern aufzeichnen, nützen Sie Ihre kreativen Kräfte und können Ihre kreativen Visionen umzusetzen (M. Gelb, Das Leonardo-Prinzip, S. 244 f.)

So nehmen Sie Ihre Zukunft selbst in die Hand

- Nehmen Sie sich die Zeit und erstellen Sie eine Master-Mind-Map Ihres Lebens. Sie wird Ihnen „Leitstern" sein für die nächsten Jahre!
- Verteilen Sie die Schritte auf sieben Tage innerhalb von maximal drei Wochen.
- Reservieren Sie zumindest eine Stunde an jedem Tag, an dem Sie an Ihrer Master-Mind-Map arbeiten.
- Lassen Sie sich bei Bedarf von weiteren Kapiteln dieses Buches unterstützen, z. B. bei der Zielformulierung, Life-Balance, eigene Stärken, Werte.

Zum Weiterlesen:
Michael J. Gelb, Das Leonardo-Prinzip

Wer Kurs auf einen Stern nimmt, wankt nicht!

Meine Master-Mind-Map – Stufe 1

Skizzieren Sie das Gesamtbild Ihres Lebens

Am ersten Tag entsteht bereits die **Grundstruktur** Ihrer Master-Mind-Map:

1. Entwerfen Sie eine eigene Impresa (Emblem und Wahlspruch) – eine Impresa war in der Renaissance das persönliche „**Logo**“ von Gelehrten und Adeligen. Nehmen Sie sich Zeit für die Gestaltung Ihres Emblems. Es wird zu einem zentralen Gestaltungspunkt der Mind-Map Ihres Lebens werden.
2. Fertigen Sie eine **Karte Ihrer Ziele** an. Zeichnen Sie Ihr Emblem in die Mitte eines großen Papierbogens. Von dem Emblem in der Mitte gehen nun strahlenförmig Äste aus, für jeden der wichtigen Lebensbereiche ein eigener Ast, z. B. andere Menschen, Karriere, Finanzen, Heim, Besitz, Vergnügen, Gesundheit, Gutes bewirken, Reisen, Lernen, ich selbst, Partnerschaft, Spiritualität. (Benutzen Sie Begriffe, die für Sie passen.) Zeichnen Sie nun zu jedem Hauptast ein kräftiges Symbol.
3. Stellen Sie sich für jeden dieser Lebensbereiche die Frage: „Was will ich?“

Betrachten Sie nun Ihre Darstellung und fragen Sie sich: „Habe ich alle wichtigen Bereiche eingesetzt? Welche Bereiche sind im Moment am wichtigsten für mich?“

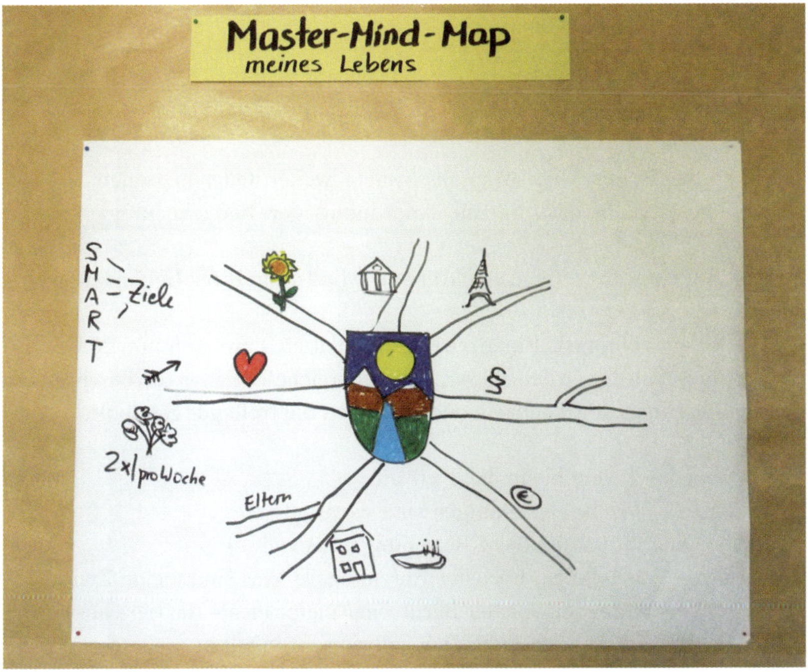

Start der Master-Mind-Map: persönliches Logo und Hauptäste für alle Lebensbereiche

Meine Master-Mind-Map – Stufe 2

Loten Sie Ihre Ziele aus

Zeichnen Sie an der Mind-Map aus Stufe 1 weiter. Oder beginnen Sie neu, weil Sie feststellen, dass Sie die Anordnung der Bereiche umgruppieren möchten.

Auf Stufe 2 soll nun eine strukturierte Mind-Map Ihrer **Lebensziele** entstehen.

Von jedem Hauptast (Finanzen, Gesundheit etc.) zweigen nun Nebenäste ab, die Ihre Ziele für jeden dieser Lebensbereiche detaillierter beschreiben. Beschriften Sie diese Nebenäste oder zeichnen Sie treffende Symbole.

Loten Sie jeden Zweig bis in die Tiefe aus:

- Menschen – Welche Beziehungen sind wichtig?
- Welche Qualität sollten diese Beziehungen haben?
- Karriere – Was ist mein höchstes Karriereziel? Was sind meine Zwischenziele? Wie könnte mein idealer Beruf oder meine ideale Karriere aussehen?
- Finanzen – Wie viel Geld muss ich aufbringen, um all meine anderen Ziele zu erreichen?
- Wohnen – Was gehört zu meiner idealen Lebensumgebung?
- Besitz – Welche materiellen Dinge sind wichtig für mich?
- Gesundheit – Wie fit möchte ich werden? Welche Energie wünsche ich mir?
- Vergnügen – Was würde mir die größte Freude bereiten?
- Gutes bewirken – Was möchte ich anderen Gutes tun?
- Reisen – Wohin möchte ich reisen? Warum?
- Lernen – Was würde ich gerne lernen? Wozu?
- Ich selbst – Welche Person wäre ich gerne? Welche Qualitäten möchte ich kultivieren?
- Weitere Aspekte

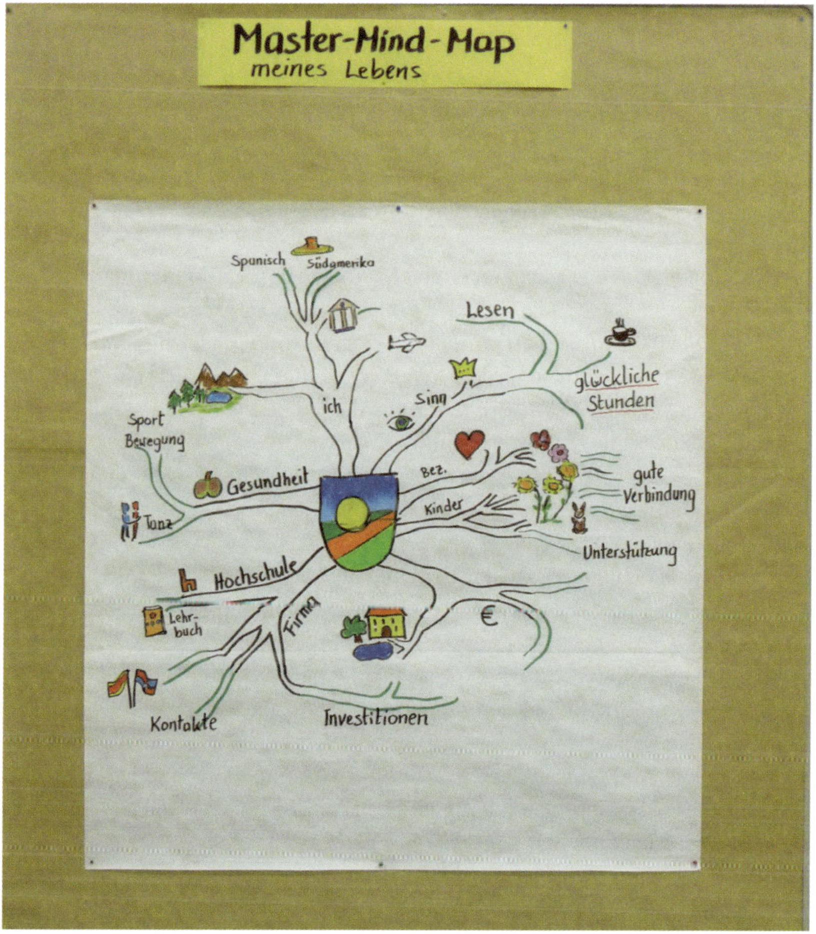

Die Master-Mind-Map wächst mit den Zielen.

Meine Master-Mind-Map – Stufe 3

Erkunden Sie Ihre Werte

Aber habe ich die richtigen Ziele gewählt? „Warum will ich gerade das?“ „Warum ist es wichtig?“ „Was bedeutet das Erreichen dieser Ziele für mein Leben?“

Antworten auf diese Fragen finden Sie in der Beschäftigung mit den eigenen Werten.

Wenn Sie die Motive betrachten, die einigen Ihrer Ziele zugrunde liegen, kristallisieren sich allmählich Ihre Wertvorstellungen heraus. Diese Übung ist darauf ausgelegt, diesen Prozess zu fördern. Die Liste rechts enthält einige Schlüsselbegriffe, die für bestimmte Wertvorstellungen stehen (fügen Sie bei Bedarf Ihre eigenen Schlüsselbegriffe hinzu). Gehen Sie die ganze Liste durch und notieren Sie kurz Ihre Reaktion zu jedem einzelnen Schlüsselbegriff. Welche der Begriffe berühren Sie am meisten?

Wählen Sie jene etwa sieben Begriffe aus, die die größte innere Zustimmung auslösen, und schreiben Sie diese in der Reihenfolge ihrer Bedeutung für Sie auf.

An dieser Stelle taucht oft die Frage auf: Habe ich auch wirklich die richtigen Ziele gewählt? Sind es jene Ziele, die mir entsprechen und mich weiterbringen? Die sicherste Antwort auf diese Frage liefern die eigenen Werte. Passen meine **Ziele** mit meinen Werten gut zusammen, so sind sie richtig.

Auf dieser Stufe finden Sie die eigenen **Werte** heraus. Auf Stufe 4 werden Sie Ihre Ziele mit Ihren Werten in Beziehung setzen.

Werteliste:

Abenteuer	Ehrlichkeit	Geld
Anerkennung	Familie	Gemeinschaft
Arbeit	Freiheit	Gerechtigkeit
Aufmerksamkeit	Freude	Gewinnen
Ausgelassenheit	Freundlichkeit	Glaube
Authentizität	Freundschaft	Großzügigkeit
Demut	Führung	Humor
Disziplin	Gelassenheit	Integrität
Kraft	Patriotismus	Unabhängigkeit
Kreativität	Perfektion	Verantwortung
Leidenschaft	Qualität	Vergnügen
Lernen	Religion	Verständnis
Liebe	Respekt	Vielfalt
Loyalität	Schönheit	Wachstum
Mitleid	Sensibilität	Wahrheit
Nächstenliebe	Sicherheit	Weisheit
Natur	Spannung	Wettbewerb
Neuheit	Spontaneität	Wissen
Ökologie	Stabilität	Zeit
Ordnung	Status	Tradition
Originaliät	Selbstverwirklichung	Erfolg
Leistung		…

Meine fünf bis zehn wichtigsten Wert-Begriffe:

1.	6.
2.	7.
3.	8.
4.	9.
5.	10.

Meine Master-Mind-Map – Stufe 4

Wie die eigenen Ziele mit den Wertvorstellungen zusammenpassen

Begutachten Sie Ihre Liste mit den zehn Wertvorstellungen. Spiegeln sich die Wertvorstellungen in Ihren Zielen wider? In welchen Lebensbereichen sind die Werte am ehesten verwirklicht? Welche Bereiche und Ziele führen Sie eher weg von dem, was Sie wertschätzen?

Setzen Sie nun die eigenen Ziele mit den eigenen Werten in Beziehung und bewerten Sie +/0/– für positiven Bezug/neutral/negativen Bezug:

Werte **Ziele**									

Alle Pluszeichen abzüglich aller Minuszeichen ergibt welche Zahl?

Erstellen Sie nun je ein Bild oder Symbol für jede Ihrer Wertvorstellungen und übertragen Sie diese in Ihre Master-Mind-Map.

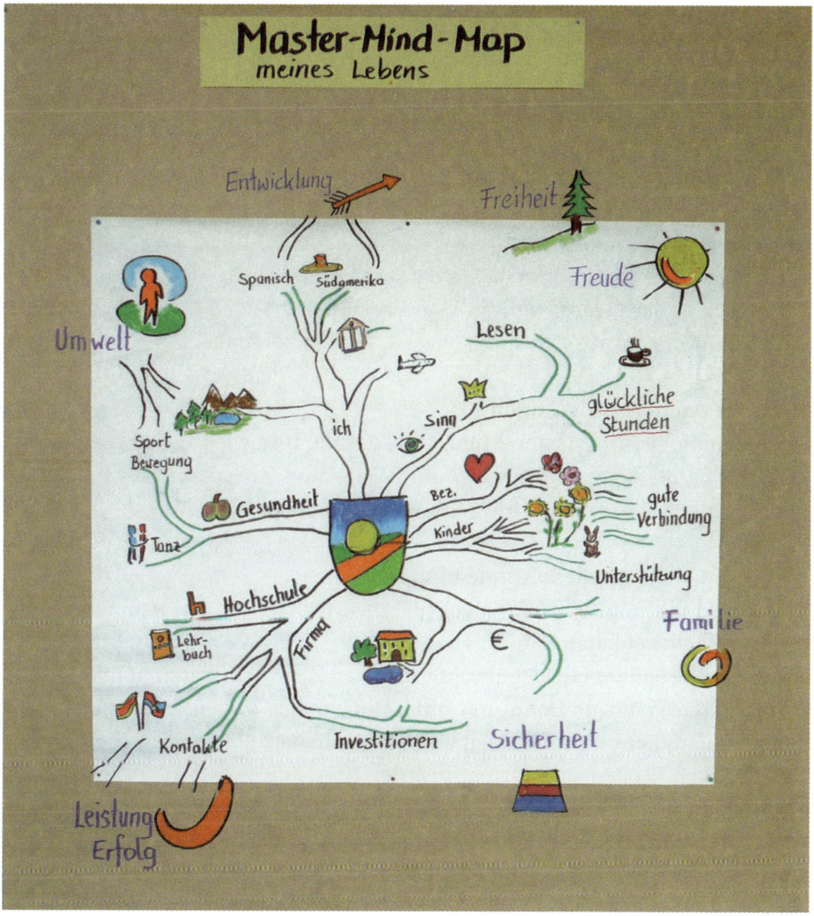

Die Master-Mind-Map wird angereichert mit Ihren Werten.

Meine Master-Mind-Map – Stufe 5

Vervollständigen Sie Ihr Werk

1. Beurteilung der Fortschritte

Schauen Sie auf der Seite „Zustandsbeschreibung in den wichtigen Lebensbereichen" nach (Seite 37):

- Habe ich alle wichtigen Aspekte berücksichtigt?
- Hat sich in der Gewichtung in den vergangenen Tagen etwas verschoben?
- Was fällt mir auf?

2. Suche nach Verbindungen

Vor Ihnen liegt Ihre Master-Mind-Map, die alle Ihre wichtigen Lebensbereiche beinhaltet, samt aller Zweige für Wert- und Zielvorstellungen. Sie ist sorgfältig gezeichnet, sie wirkt bunt, lebendig und ansprechend.

Stellen Sie sich nun die folgenden **Fragen**:

- Tauchen bestimmte Schlüsselbegriffe mehrfach auf? Kann man daraus ein Grundthema ableiten?
- Ist mein Leben im Gleichgewicht? Arbeiten Ziele, Absichten und Wertvorstellungen Hand in Hand und unterstützen sich gegenseitig? „Ebenmaß findet man nicht nur in Zahlen und Maßeinheiten, sondern auch in Tönen, Gewichten, Zeiten und Orten, in jeder Kraft, die existiert", schrieb Leonardo. Fragen Sie sich: In welchem Umfang beeinflusst meine Karriere andere Bereiche? Wie Besitz und Lebensfreude meine Beziehungen? Wie beeinflusst meine finanzielle Situation die Absicht, zu lernen und zu reisen? Suche ich nach einem Gleichgewicht zwischen Selbstlosigkeit und Vergnügen?
- Wo liegen meine Prioritäten?
- Trägt die Art und Weise, wie ich gegenwärtig arbeite, Kontakte pflege, lerne, liebe, ausspanne sowie Zeit und Geld einteile, zum Erreichen meiner Ziele und zur Befriedigung meiner Wünsche bei? (vergl. die Life-Balance, S. 48)

3. Finden von Pfaden

Gibt es Ziele, die zusammenpassen? Manchmal finden Sie Pfade, wo ein Ziel auch ein anderes weiterbringt (Synergien). Zum Beispiel kann die Vorliebe für

Natur und Draußensein übers Bergwandern dem Wert „Gesundheit" entsprechen, das schicke Wanderoutfit unterstützt die Selbstpräsentation, man lernt neue Freunde kennen und erfüllt sich gemeinsam das Ziel, neue Länder zu bereisen.

Wenn Sie das Verhältnis zwischen Ihren Zielen und Ihrer derzeitigen Lebenssituation abschließend einschätzen, kontrollieren Sie nochmals:

Wo klaffen die größten Lücken zwischen dem, was ich will, und dem, was ich erreicht habe? Bin ich auf dem richtigen Kurs, um die wichtigsten Ziele zu erreichen? Welche Kurskorrekturen muss ich vornehmen, um mein Leben ins Gleichgewicht zu bringen?

4. Formulierung des Zielsatzes

Formulieren Sie die Botschaft, die Ihre Master-Mind-Map enthält, in ein paar kurzen, starken Sätzen.

Die Formulierung soll

- herausfordernd,
- faszinierend und
- realistisch sein.

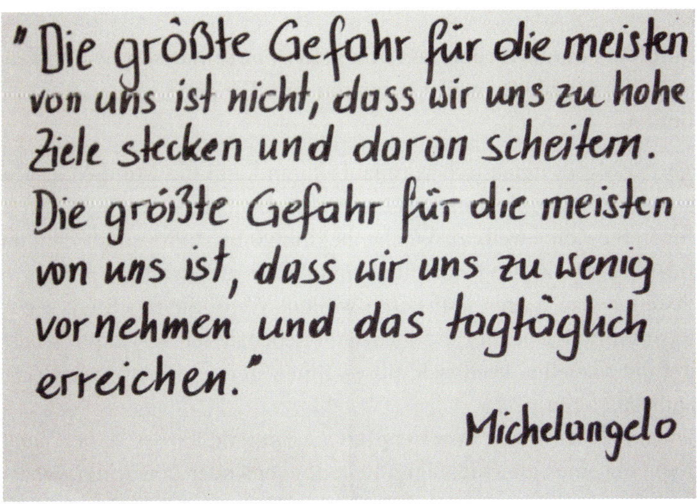

"Die größte Gefahr für die meisten von uns ist nicht, dass wir uns zu hohe Ziele stecken und daran scheitern. Die größte Gefahr für die meisten von uns ist, dass wir uns zu wenig vornehmen und das tagtäglich erreichen."

Michelangelo

Meine Master-Mind-Map – Stufe 6

Planen Sie die konkrete Umsetzung – Strategien für Ihren Erfolg

Sie haben Ziele und Visionen bestimmt, indem Sie die Frage „Was will ich?“ beantwortet haben. Sie haben Ihre Wertvorstellungen und Absichten geklärt mit der Frage „Warum will ich das?“ Nun geht es um die Frage: „Wie bekomme ich das, was ich will?“ Sie leitet Sie, um eine Strategie für die **Umsetzung** zu entwerfen.

Rollen Sie nun Ihr Wunschbild von hinten nach vorne auf und gehen Sie dabei Ihre Ziele Schritt für Schritt durch. Überlegen Sie, was für jedes einzelne Ziel zu tun ist, um es zu erreichen.

- Übertragen Sie die Master-Mind-Map Ihres Lebens in einen **Dreijahresplan**. Schauen Sie sich den Abschnitt für das nächste Jahr genauer an.
- Wenn Sie auch den **Einjahresplan** aufgestellt haben, testen Sie Ihre Ziele noch einmal daraufhin, ob sie überprüfbar beschrieben sind.
- Entscheiden Sie über die Schritte, die Sie noch in dieser Woche, noch an diesem Tag realisieren werden, um Ihren Zielen näher zu kommen.

Ziele und Visionen werden fast von selbst, automatisch, wie durch Zauberhand Wirklichkeit, weil Gedanken die Tendenz haben, sich zu verwirklichen.

Um den Erfolg systematisch voranzubringen kann die Mind-Map-Methode auch ins persönliche **Zeitmanagement** eingebaut werden:

- Nehmen Sie sich jeweils zu Wochenbeginn 20 bis 30 Minuten Zeit, um eine Mind-Map der Ziele, Prioritäten und Pläne zu erstellen, die Sie in den nächsten sieben Tagen realisieren wollen. Wenn Sie möchten, verwenden Sie bestimmte Farben für die wichtigen Lebensbereiche. Dadurch haben Sie sofort ein visuelles Feedback, ob es Ihnen gelungen ist, Ihre Prioritäten auszubalancieren.
- Schauen Sie sich Ihren **Wochenplan** an. Sind die Farben darauf ausgewogen wie die eines gleichmäßigen Regenbogens oder überwiegt eine einzige Farbe? Haben Sie genügend Zeit für die Pflege von Beziehungen, für Ihre Gesundheit und für Ihre persönliche Entwicklung eingeplant?

- Wenn Sie sich den Wochenplan ansehen, fragen Sie sich, ob jede geplante Aktivität die Realisierung der Wertvorstellungen und Absichten unterstützt.

Auch für die Tagesplanung kann eine kleine Mind-Map hilfreich sein. Wenn es Ihnen gelingt, zehn Minuten zu Beginn eines jeden Tages oder am vorherigen Abend einzuplanen, um eine Mind-Map Ihrer Ziele und Prioritäten zu erstellen, werden Sie in der Lage sein, die täglichen Herausforderungen erfolgreich anzugehen und Ihren Zielen näherzukommen.

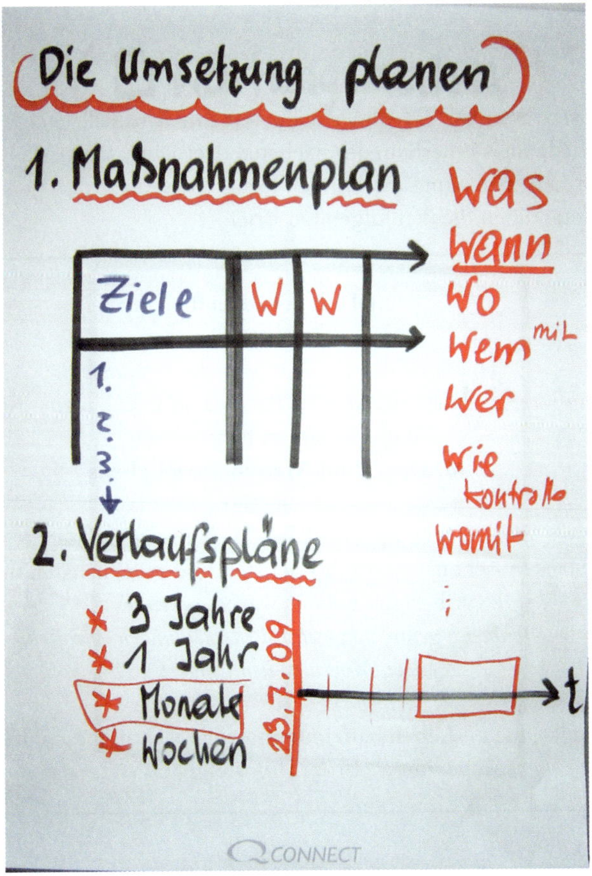

Jetzt ganz konkret – Schritt für Schritt!

Meine Master-Mind-Map – Stufe 7

Genießen Sie, ruhen Sie sich aus und schreiben Sie einen Brief

Das fertige Meisterwerk „Master-Mind-Map“ liegt nun vor Ihnen. Gratuliere! Betrachten Sie Ihr Werk und genießen Sie es!

Ein schöner Abschluss der intensiven Lebensplanung mit der Master-Mind-Map ist ein

Brief aus der Zukunft.

Stellen Sie sich vor, es wären die ca. drei Jahre vergangen. Sie schreiben auf, was in der Zwischenzeit geschehen ist.

Alle unsere Seminarteilnehmer erwarten eine deutliche Steigerung ihrer Lebenszufriedenheit innerhalb der nächsten drei Jahre. Gewiss auch Sie!

So wird Lebensplanung die Vorfreude auf Sie selbst!

Vervollständigen Sie den folgenden Brief:

Brief aus der Zukunft

Heute ist der … *(Datum in ca. drei Jahren).*
Ich bin jetzt … Jahre alt. Mein/e Partner/in ist …, meine Kinder ….
Vor drei Jahren habe ich die
Master-Mind-Map meines Lebens
angefertigt.
Wenn ich an die drei Jahre bis heute zurückdenke, die die besten, schönsten, erfolgreichsten und glücklichsten meines bisherigen Lebens waren, so …
(habe ich getan, umgesetzt, Entscheidungen getroffen, erlebt, Möglichkeiten genützt, …)

Ich denke, meine **Lebenszufriedenheit** hat sich in diesen drei Jahren um … Prozent gesteigert.

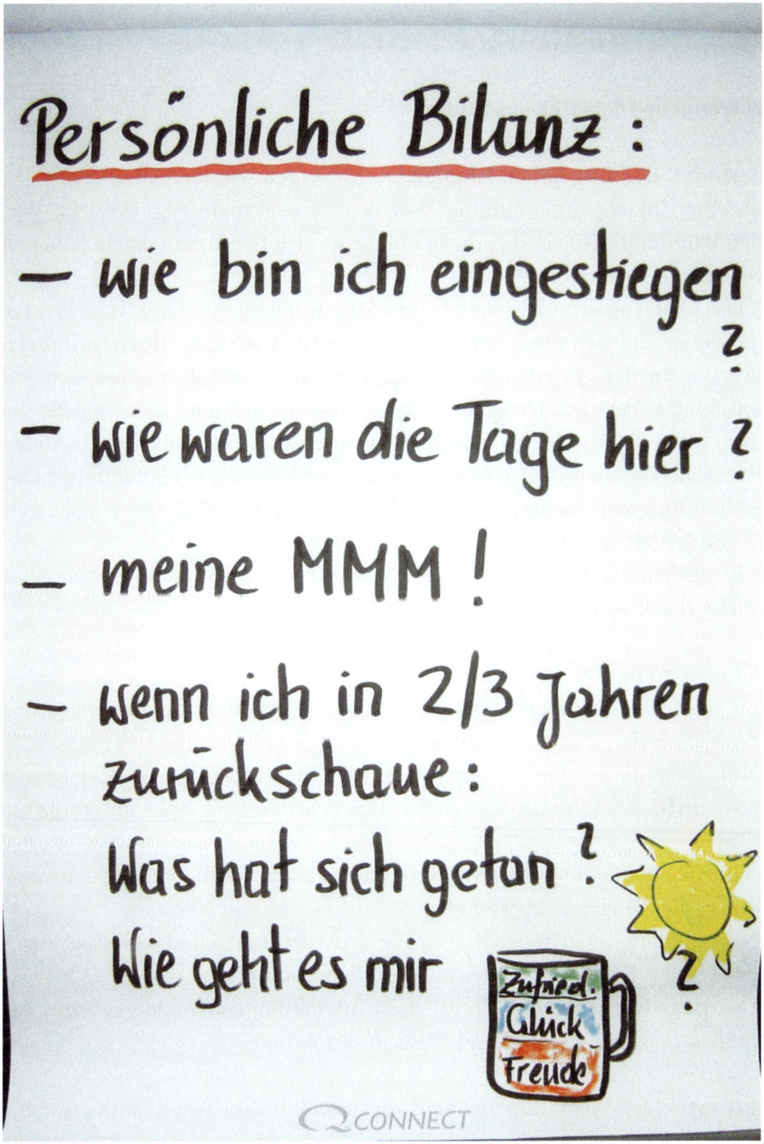

Mein Brief aus der Zukunft

Das Paracelsus-Prinzip

Das Werte- und Entwicklungsquadrat

Im **Modell der Logischen Ebenen** (S. 76) zeigen wir, dass all unserem Handeln eine Entscheidung auf der Werteebene zugrunde liegt. Welche Werte einen handlungsleitenden Eintrag auf unserer inneren Landkarte haben, hat das Leben entschieden.

Das Wertequadrat ist eine Struktur, die Ihnen helfen wird, Ihre Werte zu überprüfen und sich über Ihre persönlichen **Entwicklungsnotwendigkeiten** klarer zu werden. Friedemann Schulz von Thun geht davon aus, dass jeder menschliche Persönlichkeitswert, jede Tugend sich nur dann positiv auswirkt, wenn sie durch eine **Schwesterntugend** ausbalanciert wird. Andernfalls ist die Gefahr groß, dass eine an sich positive Ausprägung durch Übertreibung zu einer negativen Eigenschaft verkommt. „Die Dosis macht eben das Gift." (Paracelsus)

Ein **Beispiel**: Im Berufsleben ist sicher Engagement in der Arbeit ein allgemein akzeptierter Wert.

Und so wird das Wertequadrat konstruiert:

- Sie schreiben den **Wert** „Engagement in der Arbeit" in die linke obere Ecke des Quadrats.
- Nun formulieren Sie die **entwertende Übertreibung** von Engagement, also zuviel des Guten: Workaholic. Das schreiben Sie links unten ins Quadrat.
- Nun suchen Sie den **positiven Gegensatz** zu Workaholic: Muße, Entspannung, für die rechte obere Ecke.
- Nun formulieren wir wiederum die **entwertende Übertreibung**, zu viel des Guten: Faulheit, Minderleister in Schonhaltung.
- Der **positive Gegensatz** zeigt die Entwicklungsnotwendigkeit des Minderleisters: Engagement und Fleiß in der Arbeit.

Merksatz: Der Wert „Engagement und Fleiß in der Arbeit" muss durch die Schwesterntugend „Muße und Entspannung" ausbalanciert werden, da sonst die Gefahr besteht, dass Engagement zu schädigendem Überengagement („Workaholic") verkommt.

Die obere Ebene des Quadrats zeigt die Notwendigkeit des Ausbalancierens, die untere Verbindung stellt die Fehlleistung einer Überkompensation dar (man rutscht ins Gegenteil). Die Pfeile von unten nach oben zeigen die wünschenswerte Entwicklung.

So nehmen Sie Ihre Zukunft selbst in die Hand

Überprüfen Sie, ob Ihre Werte ausreichend ausbalanciert sind oder bereits zu „Unwerten" verkommen. Formulieren Sie „Merksätze"!

Zum Weiterlesen:
Friedemann Schulz von Thun, Miteinander reden 2: Stile, Werte und Persönlichkeitsentwicklung

Übertreibung schadet!

Ankerplätze für meine Ziele

Das „Ich“ im Modell der Logischen Ebenen

Kann ich in mich hineinblicken, um zu erkennen, was mich antreibt und was für mich wichtig ist?

Das **Modell der Logischen Ebenen** nimmt an, dass die Persönlichkeit von außen nach innen in Ebenen (= Schichten) aufgebaut ist. Das lässt sich gut mit dem Bild vom Querschnitt eines Baumes veranschaulichen: Die Jahresringe entsprechen den Schichten der Persönlichkeit. Ganz innen ist der Kern, außerhalb der Rinde das Umfeld.

Jede Ebene im Modell entspricht einem bestimmten Bereich der Persönlichkeit. Jede Ebene hat Anteile, die mir bewusst sind und solche, die mir noch nicht bewusst sind.

Durch gezielte Fragen kann ich Licht in jede Ebene bringen. So lerne ich mich selbst besser kennen.

Positiver Nebeneffekt: Das Modell und die Fragen helfen Ihnen auch zu verstehen, warum andere Personen sich oft ganz anders verhalten als Sie selbst.

Begeben wir uns nun mit Hilfe der Logischen Ebenen auf die Reise in unsere Innenwelt:

1. Mein **Umfeld**
   Das ist der Bereich außerhalb, der uns umgibt und in dem wir uns bewegen. Wie verbringe ich meine Zeit? Mit wem? Wie sehen meine Umgebungen aus? Wie wirksam bin ich mit meinem Handeln im Umfeld? Welches Feedback bekomme ich?
2. Mein **Verhalten**
   Mit allem, was wir tun und körpersprachlich zeigen, treten wir mit unserem Umfeld, also auch mit anderen Menschen, in Kontakt. Was tue ich konkret? Was bewirke ich damit?
   Welche Gewohnheiten und Abläufe habe ich? Bin ich eher besonnen oder quirlig? Habe ich Lust, Neues auszuprobieren (und damit über Versuch und Irrtum zu lernen)?
3. Meine **Fähigkeiten**
   Ein Verhalten kann ich nur zeigen, wenn ich auch die Fähigkeiten dazu habe, z. B. Spanisch sprechen.
   Der Bereich der Fähigkeiten umfasst die gesamten Kompetenzen: Fachkompetenz, personale Kompetenz, Sozialkompetenz, Führungskompetenz, Selbstmanagement-Techniken usw.

Wenn ich den Wunsch habe, eine neue Fähigkeit zu erlernen (z. B. Skifahren), so kann ich dies als Ziel auf der Verhaltensebene beschreiben: Bis 15. Februar schaffe ich es, rot markierte Pisten zu fahren.

Damit wird ein Ziel überprüfbar und der Erfolg sichtbar.

Die Holzfigur der Babuschka (Großmutter) oder Matryoshka (Mütterchen) symbolisiert die Ebenen von außen nach innen.

4. Meine **Werte** und **Einstellungen**
   Diese stellen einen Schlüsselbereich unserer Persönlichkeit dar. Durch sie bekommt alles auf der Welt eine Bedeutung und einen besonderen Stellenwert verliehen. Was ist wichtig? Wovon gehen Sie aus? Wovon sind Sie überzeugt? Was ist zu tun und was zu unterlassen? Usw. Hier sind all unsere Auffassungen, Meinungen, Einstellungen, Überzeugungen, Normen und Werte vertreten. Hier wird alles bewertet, was wir in der Welt vorfinden (gut, nützlich, wichtig usw. oder eben nicht). Hier bilden wir die Welt nach unseren individuellen Maßstäben ab. Deshalb heißt diese Ebene auch **„innere Landkarte“**.
5. Meine **Identität**
   Hier liegt der Kern der Persönlichkeit, das eigentliche „ich“.
   Wer bin ich? Was ist meine Rolle? Wie werde ich gerufen und wie stelle ich mich anderen vor? Dieser Bereich enthält all die Sehnsüchte, Wünsche, Ziele und Pläne für das weitere Leben.
   Typisch für die Identität ist, dass die Werte hierarchisch geordnet sind: Es gibt wichtigere und weniger wichtige. Goethe soll geschrieben haben: „Zwei Seelen wohnen – ach! – in meiner Brust!“ Also zwei Werte haben gleichzeitig Bedeutung, z. B. Kinder und Karriere. Bismarck soll dazu gesagt haben: „Zwei Seelen – nein – in meiner Brust ist eine ganze sich zankende Horde!“ (also z. B. Kinder, Karriere, Zeit für Partner/in, Wohnen, Reisen usw.).
   Auf der Ebene der Identität sind Reflektieren und Bewusstmachen möglich. Hier fallen die Entscheidungen für die weiteren Vorhaben.
6. Mein **Weltbild**
   Diese Ebene führt über das „Ich“ hinaus. Sie bezeichnet den größeren geistigen Rahmen, in dem sich die Person bewegt. Welcher Teil eines größeren Ganzen bin ich? Was sind mein Platz und mein Auftrag innerhalb der Gesellschaft? Was trägt mich? Gibt es einen Bereich des Göttlichen und Spirituellen für mich?

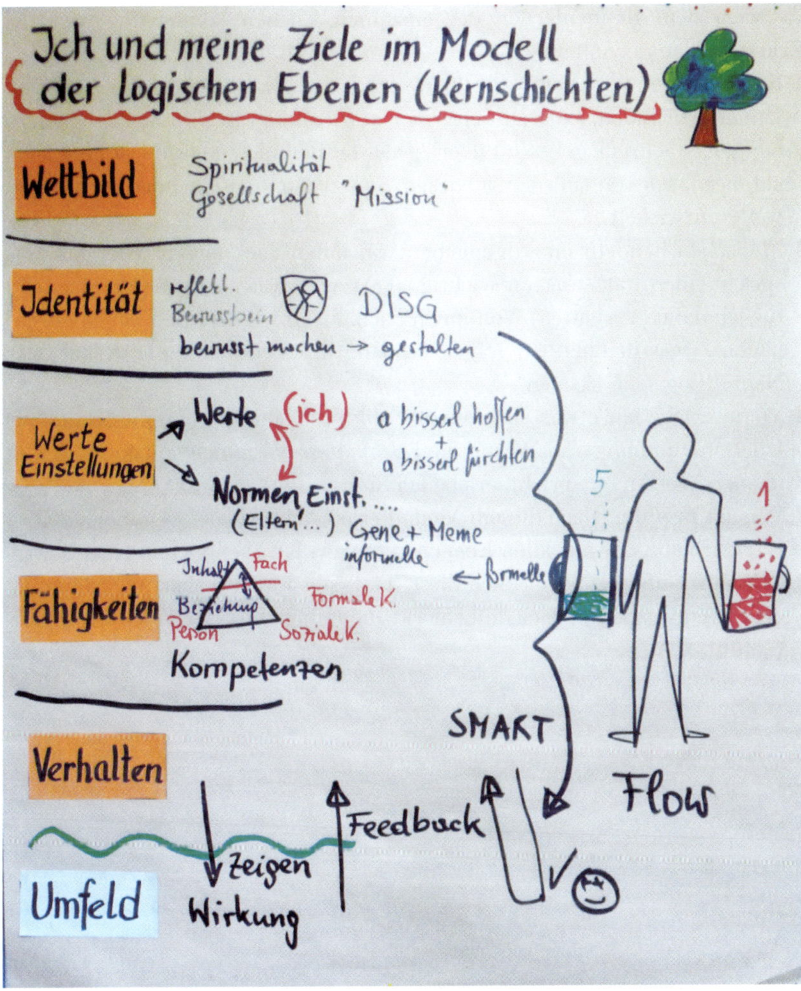

Das Zusammenwirken innerhalb der Logischen Ebenen

Nach dem Kennenlernen der einzelnen Ebenen können Sie wichtige **Erkenntnisse** gewinnen:

- Kinder lernen vor allem von außen nach innen: Sie ahmen nach, was sie im Umfeld vorfinden, sie orientieren sich stark an den Reaktionen der Umgebung. Erwachsene gehen oft überlegter vor. Beim Lernen sind sie aber auch auf Feedback von außen angewiesen. So werden die Ebenen aufgebaut und weiterentwickelt.
- Menschen handeln im Allgemeinen von innen nach außen: Was mir entspricht (Identität), was mir wichtig ist (Werte), was ich kann (Fähigkeiten), tue ich dann (Verhalten). Von innen nach außen werden die Ebenen durchlaufen – was drinnen ist, zeigt sich dann draußen – logisch; deshalb der Name „Logische Ebenen".
- Wann erlebe ich etwas als sinnvoll? Viktor Frankl beschreibt **„Sinn"** als Übereinstimmung von Werten und Verhalten. Wenn ich so handle, wie es meinen Werten entspricht, erlebe ich Sinn.
- Was ist **Freude**? Nach diesem Modell erlebe ich Freude, wenn ich ein Ziel erreicht habe, das auf allen Ebenen verankert ist. Wenn ich in einer Tätigkeit ganz aufgehe, wenn mich diese Tätigkeit fordert, aber nicht überfordert, wenn dabei die Zeit unbemerkt dahinfließt, so erlebe ich ein **Flow-Gefühl**.

Das Modell der logischen Ebenen: „Ich"

Weltbild	**Wer noch?** Mein Auftrag/meine Aufgabe allgemein? Wozu dient das Ganze? Der größere Zusammenhang?
Identität	**Wer?** Wie sehe ich meine Rolle, meinen Auftrag? Welche Bedeutung hat diese Arbeit für mich? Selbstwert? Metapher, „Wappen"?
Beliefs: Werte, Einstellungen	**Warum?** Wie sehe ich mich, wie die anderen? Erfahrungen? Antriebe, Motive, Wünsche? Einschränkungen – Spielräume? Normen/Erlaubnis, Überzeugungen? Bedeutungen – Bewertungen – Gefühle „Innere Landkarte"?
Fähigkeiten	**Wie?** Fachliche, persönliche, soziale und formale Fähigkeiten? Ziele, Absichten? Vorgangsweisen, Arbeitsstile, Strategien? Potentiale?
Verhalten	**Was?** In neuen Situationen? Automatisierte Abläufe, Gewohnheiten? Konkrete berufliche Tätigkeiten? Versuch und Irrtum?
Umfeld	**Wo? Wann?** Arbeitsumgebung? Allein/im Team? Konstanz – Veränderung? Gepflogenheiten, Rollenverteilung Erwartungen von außen? Wie werde ich von außen wahrgenommen?

So nehmen Sie Ihre Zukunft selbst in die Hand

- Reflektieren Sie die eigenen Logischen Ebenen: Schreiben Sie zu jeder Ebene auf, was für Sie typisch ist! (Bogen S. 81)
- Mit den Logischen Ebenen können Sie die Verwirklichung Ihrer Ziele tatkräftig unterstützen. Verankern Sie ein neues Ziel auf möglichst vielen Ebenen. Fragen Sie auf jeder Ebene, wie das Ziel hineinpasst, was es bewirkt, woran man es erkennt. (Bogen auf der gegenüberliegenden Seite)
- Für die Verankerung eines Ziels in die Logischen Ebenen machen wir eine schöne Übung: Legen Sie für die Ebenen Schilder auf den Boden. Durchwandern Sie mit zwei Begleitern die Ebenen. Lassen Sie sich Fragen stellen und sprechen Sie dazu!

„Ein neues Ziel für mich: ______________________“

Weltbild	**Wer noch?** Mein Auftrag/meine Aufgabe allgemein? Wozu dient das Ganze? Der größere Zusammenhang?
Identität	**Wer?** Wie sehe ich meine Rolle, meinen Auftrag? Welche Bedeutung hat diese Arbeit für mich? Selbstwert? Metapher, „Wappen“?
Beliefs: Werte, Einstellungen	**Warum?** Wie sehe ich mich, wie die anderen? Erfahrungen? Antriebe, Motive, Wünsche? Einschränkungen – Spielräume? Normen/Erlaubnis, Überzeugungen? Bedeutungen – Bewertungen – Gefühle „Innere Landkarte“?
Fähigkeiten	**Wie?** Fachliche, persönliche, soziale und formale Fähigkeiten? Ziele, Absichten? Vorgangsweisen, Arbeitsstile, Strategien? Potentiale?
Verhalten	**Was?** In neuen Situationen? Automatisierte Abläufe, Gewohnheiten? Konkrete berufliche Tätigkeiten? Versuch und Irrtum?
Umfeld	**Wo? Wann?** Arbeitsumgebung? Allein/im Team? Konstanz – Veränderung? Gepflogenheiten, Rollenverteilung Erwartungen von außen? Wie werde ich von außen wahrgenommen?

Die U-Prozedur als Lösungsweg

In fünf Schritten vom Problem zum Handeln

Das Schema der U-Prozedur gibt eine gute Anleitung für die Arbeit an einzelnen Themen oder Zielen. Ausgangspunkt ist ein **Leidensdruck** oder **Veränderungswunsch** in einem Bereich, z. B. ich bin überlastet, bin in einem Bereich nicht mehr zufrieden, mir fehlt die Motivation u.a.

Allein oder in einer kleinen Gruppe werden die fünf Schritte der U-Prozedur der Reihe nach durchgegangen. Mitschreiben hat sich als günstig erwiesen.

- Wie sieht die **gegenwärtige Situation** konkret aus? Genaue Beschreibung der Situation, für die eine Änderung herbeigeführt werden soll.
- Welches **Ziel** streben wir an? Wie soll die geänderte Situation aussehen?
- Welche **Hindernisse** und Ängste gibt es? Was steht einer Änderung der Situation im Wege? Hier begegnen Sie auch dem „inneren Schweinehund".
- Welche **Ressourcen** sind bereits vorhanden? Was kann genutzt werden? Wer unterstützt uns in dieser Situation?
- Konkrete erste **To-Dos**: Was muss getan werden, damit das gesetzte Ziel, die gewünschte Änderung erreicht wird? Festlegen von Tätigkeiten und erste Schritte.

Alle sind zufrieden, wenn nach (gemeinsamer) Erörterung der fünf Schritte am Ende ganz konkrete Aufgaben stehen. Aus einem Problem sind also Aufgaben geworden, aus Zielen Maßnahmen.

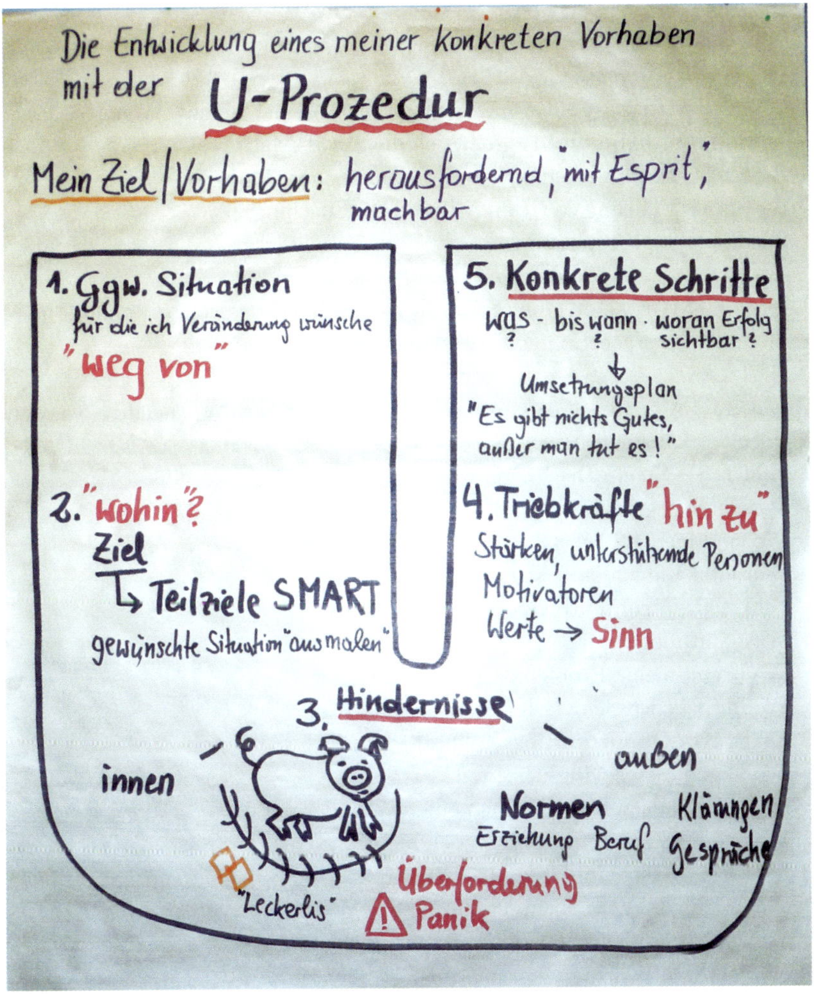

Ein gerne verwendeter Fahrplan für Entwicklungsschritte

Die SPOT-Matrix

Die SPOT-Matrix ist ein Analyse- und Diagnoseinstrument. Wenn Sie **Entscheidungen vorbereiten** eignet sich die SPOT-Matrix

- für Sie bei persönlichen oder beruflichen Entscheidungen,
- für Sie als Führungskraft im Mitarbeiter-Coaching,
- für Teams und Abteilungen.

Die SPOT-Matrix bietet eine Struktur für die eigene Denkarbeit und für zielgerichtete Gespräche in der Kleingruppe.

Aus den Koordinaten „Gegenwart – Zukunft" und „positiv – negativ" werden vier Felder konstruiert:

- Feld 1: **S – Strengths**: Gegenwart – positiv
  Was läuft gegenwärtig gut?
  Wo sind meine Stärken?
  Worauf kann ich stolz sein?
- Feld 2: **P – Problems**: Gegenwart – negativ
  Was läuft nicht gut?
  Wo liegen meine Probleme?
  Womit habe ich Schwierigkeiten?
- Feld 3: **O : Opportunities**: Zukunft – positiv
  Wo liegen meine Möglichkeiten?
  Welche Chancen habe ich nach einer Veränderung?
  Welche Ressourcen nutze ich noch nicht?
- Feld 4: **T – Threats**: Zukunft – negativ
  Wenn ich die Veränderungen durchführe, wo lauern die Gefahren?
  Welche Unwägbarkeiten kommen auf mich zu?
  Mit welchen Bedrohungen muss ich rechnen?

So nehmen Sie Ihre Zukunft selbst in die Hand

Lassen Sie Ihren Gedanken freien Lauf und füllen Sie alle Felder. Danach überlegen Sie, ob aus manchen Problemen Stärken entstehen können oder aus Gefahren Chancen.

Durch eine **Bepunktung** kann auch eine **Bilanz** dargestellt werden, in der zu sehen ist, ob die positiven oder negativen Faktoren einer Veränderung überwiegen. Damit schaffen Sie solide **Entscheidungsgrundlagen.**

Zum Weiterlesen:
Friedrich Graf-Götz/Hans Glatz, Organisation gestalten. Neue Wege und Konzepte für Organisationsentwicklung und Selbstmanagement

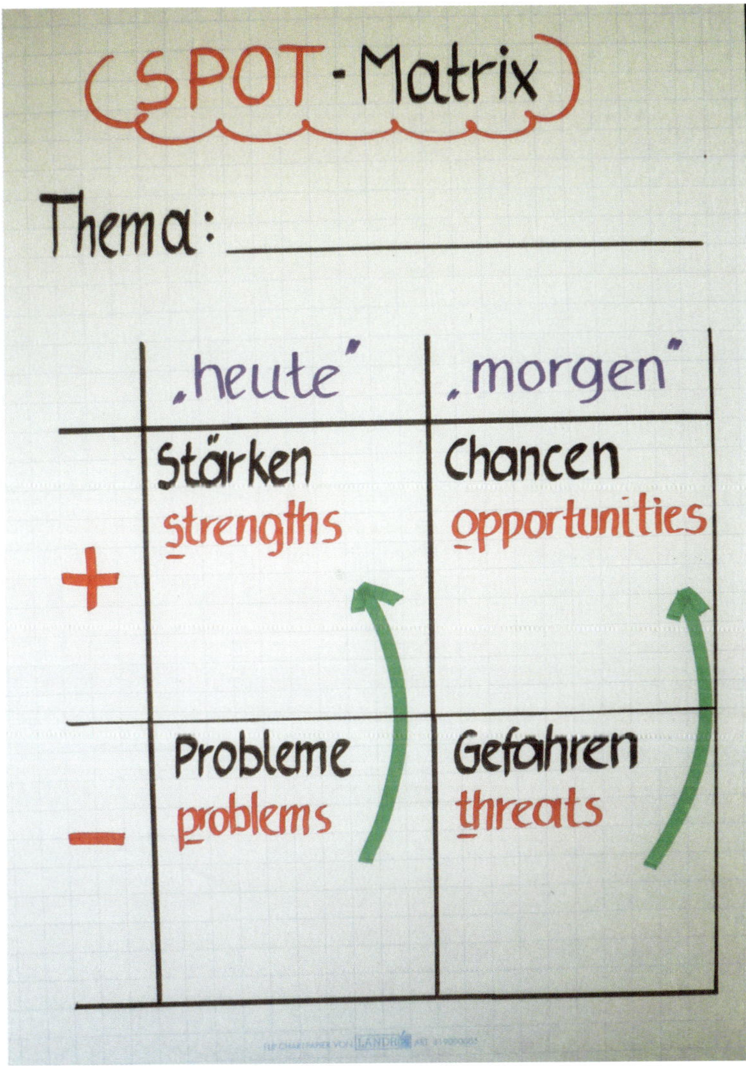

Ein Analyseinstrument zur Vorbereitung von Entscheidungen

3. Die eigenen Stärken und Potentiale nützen – Management der persönlichen Ressourcen

„Erst wenn ich weiß, wer ich bin, kann ich bewusst das tun, was mir entspricht."

In diesem Kapitel lernen Sie sich selbst noch besser kennen.

Ihre Stärken liegen dort, wo Ihnen die Dinge leicht von der Hand gehen. Andererseits entsteht dort, wo Sie sich schwer tun, leicht Stress.

Also: Nützen Sie Ihre Stärken! Lassen Sie sich dort helfen, wo Sie selbst nicht gut sind!

Stärken, die derzeit nicht genützt werden, nennen wir Potentiale. Entdecken Sie Ihre Potentiale und machen Sie mehr daraus!

Erweitern Sie auch Ihre sozialen Kompetenzen durch jene Fähigkeiten, die Sie häufig brauchen. Das können sein: Einfühlen und Verstehen, Abgrenzen und Durchsetzen, für Wirksamkeit und den eigenen Energiehaushalt sorgen.

Wer bin ich? – oder: Gibt's mich gar dreimal?

Begeben wir uns mit drei Fragen auf eine Erkundungsreise:

1. Bin ich so, wie ich mich selbst sehe? (**Selbstbild**)
   Dafür spricht, dass wir uns selbst wohl am besten kennen. Wir wissen Dinge über uns, die andere nicht kennen. Aber das Selbstbild ist immer nur ein Teil der wirklichen Person. Es wird überlagert durch Wünsche und Vorstellungen, wie wir gerne sein möchten. Was uns an uns selbst nicht gefällt, wird vielleicht verdrängt. Hohe Erwartungen an uns selbst führen dazu, dass wir uns sehr kritisch sehen. Das Selbstbild entspricht also nicht genau dem, wer wir wirklich sind.
2. Versuchen wir es mit dem **Außenbild**, auch **Fremdbild** genannt!
   Bin ich so, wie mich die anderen sehen? Manchmal wissen die anderen mehr über uns, als uns selbst bekannt ist (blinde Flecken). Aber auch andere Personen sehen uns nicht rein objektiv. Sie haben Erwartungen an uns, wir erinnern sie an jemanden und sind so Opfer von Übertragungen. Andere haben Vermutungen über uns, die nicht stimmen müssen. Auch das Außenbild entspricht nicht der Realität, der Person, die wir wirklich sind.
3. Wer sind wir dann?
   Wir sind zwischen Selbstbild und Außenbild angesiedelt. Wir sind eine „**Konstruktion**", die aus der eigenen Einschätzung und den Rückmeldungen von außen entsteht. Wir tun etwas und andere reagieren darauf – dabei machen wir Erfahrungen. So erschaffen („konstruieren") wir uns ständig neu.

Selbstbild und Außenbild werden nie völlig deckungsgleich sein. Aber je stärker sich beide angleichen, umso wirkungsvoller kann ich handeln. Ich weiß, wie ich auf andere wirke.

Wie ich wirklich bin, zeigt sich nicht in jeder Lebenslage gleich. Das „Ich" wird je nach Situation und **Rolle**, in denen ich mich befinde, unterschiedlich sichtbar: als Elternteil, in der Partnerschaft, in der Berufsrolle, im Freundeskreis, im Verein u. a.

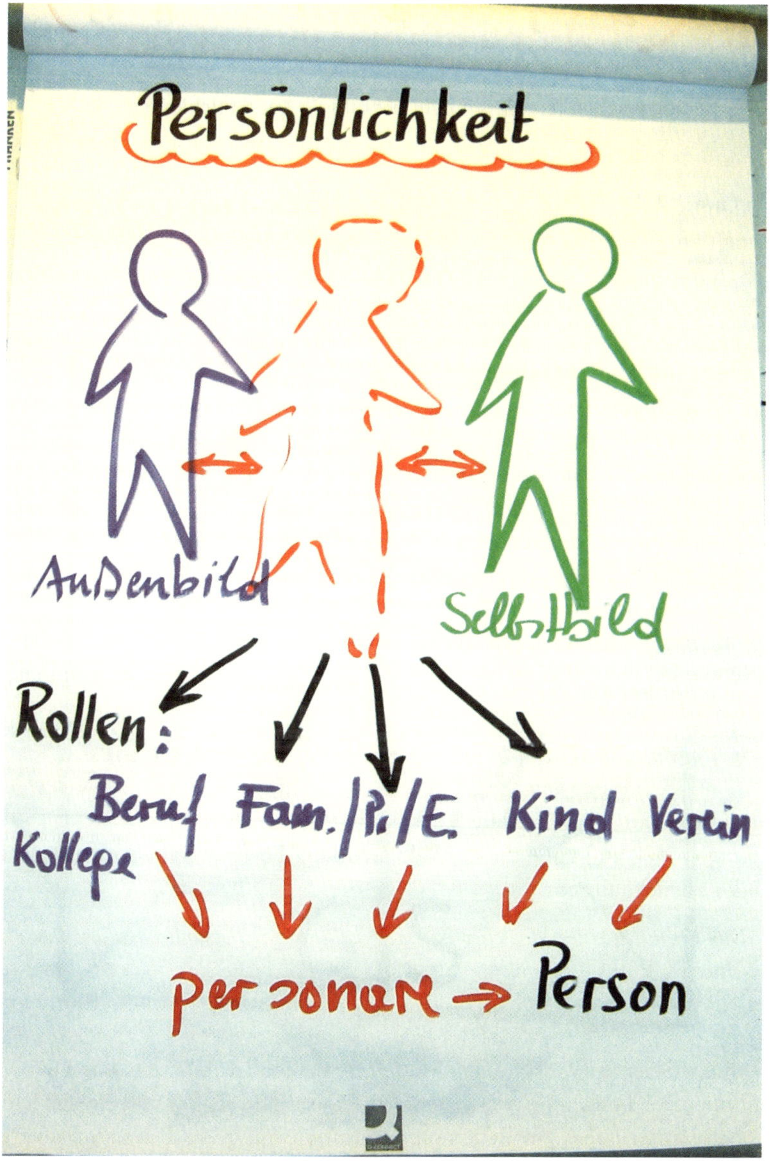

Das „Ich" entsteht zwischen Selbstbild und Reaktionen von außen laufend neu.

Mich selbst und andere besser verstehen

Eine Selbsterforschungsreise mit dem persolog®-Persönlichkeitsprofil

Gastbeitrag von Prof. Helmut Roth

Dr. John Geier entwickelte in den 60er Jahren des letzten Jahrhunderts ein Modell zur Verhaltensbeschreibung „gesunder"/„normaler" Menschen. Sein Forschungsauftrag an der Universität von Minnesota beinhaltete, ein Personalentwicklungsinstrument für die Mitarbeiter der medizinischen Fakultät zu entwickeln. In seiner Arbeit bezog er die Forschungen des amerikanischen Psychologen W. M. Marston mit ein. Dieser hat aus der Beobachtung „gesunder" Menschen ein beschreibendes Modell entwickelt. Seine Grundgedanken dazu finden wir in seinem Buch „Emotions of Normal People". Der Titel weist uns bereits auf Inhalt und Forschungsrichtung hin. Marston beschäftigte sich mit Gefühlen und Verhalten „normaler" Menschen beim Kontakt mit ihrer Umwelt. Er beobachtete, dass sich Verhalten und Gefühle im Wechselspiel zwischen der Wahrnehmung des Außen und der Reaktion darauf beschreiben lassen.

- **Wahrnehmung des Umfelds:**
  Nehme ich mein Umfeld als angenehm und freundlich oder anstrengend und stressig wahr?

  „Wir nehmen die Welt nicht so wahr, wie sie ist, sondern so, wie wir sind."

  Steven Covey

- **Reaktion auf das Umfeld:**
  Reagiere ich aufgrund dieser Wahrnehmung bestimmt auf mein Umfeld oder zurückhaltend?

  „Das Verhalten eines Menschen ist eine Funktion der Persönlichkeit und der Umwelt."

  Kurt Lewin

Dr. John Geier entwickelte das Modell fortlaufend weiter, das uns heute als millionenfach bewährtes, wissenschaftlich aussagekräftiges und einfach handhabbares Instrument zur Reflexion und Entwicklung von Persönlichkeit vorliegt.

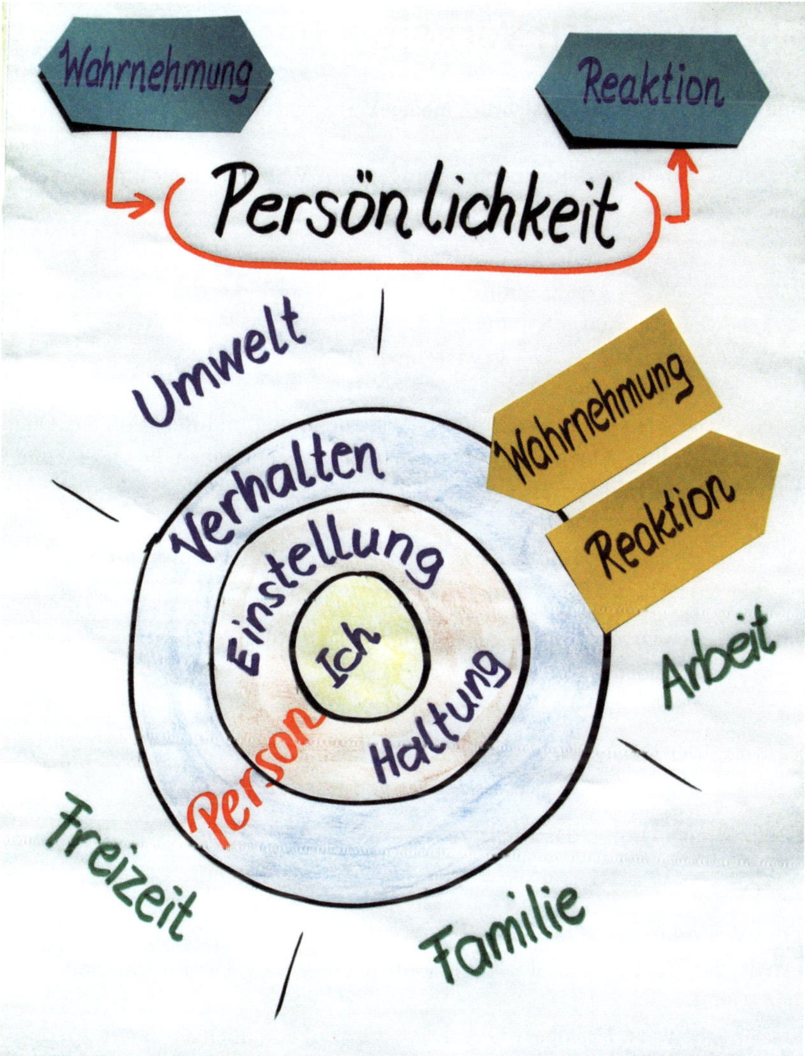

Wahrnehmung des Umfelds (anstrengend oder angenehm) und meine Reaktion darauf (bestimmt oder zurückhaltend) beschreiben meine Persönlichkeit.

Wie lässt sich Verhalten beschreiben?

Eine erste Orientierung hinsichtlich meiner Verhaltensdimensionen

Auf der Grundlage seiner Beobachtungen von Wahrnehmung und Reaktion beschrieb Geier vier verschiedene Verhaltensstile:

D – dominant
I – initiativ
S – stetig
G – gewissenhaft

Er entwickelte aus dem Achsenkreuz Wahrnehmung und Reaktion das Quadrantenmodell in seiner klassischen Form. Daraus entstehen die vier Grundorientierungen in ihrer jeweils eigenen Ausprägung:

D … der Drang, Kontrolle zu übernehmen und Ergebnisse zu erzielen
… *ist aktiv und entschlossen*

I … der Drang, andere zu motivieren, sich auszudrücken und gehört zu werden
… *ist gesprächig und offen*

S … der Drang nach Stabilität und Harmonie
… *ist verlässlich und kooperativ*

G … der Drang, das Richtige „richtig“ zu tun
… *ist diszipliniert und besorgt*

Zum Weiterlesen:
Friedbert Gay, Das persolog® Persönlichkeits-Profil. Persönliche Stärke ist kein Zufall.
Lothar J. Seiwert/Friedbert Gay: Das 1×1 der Persönlichkeit

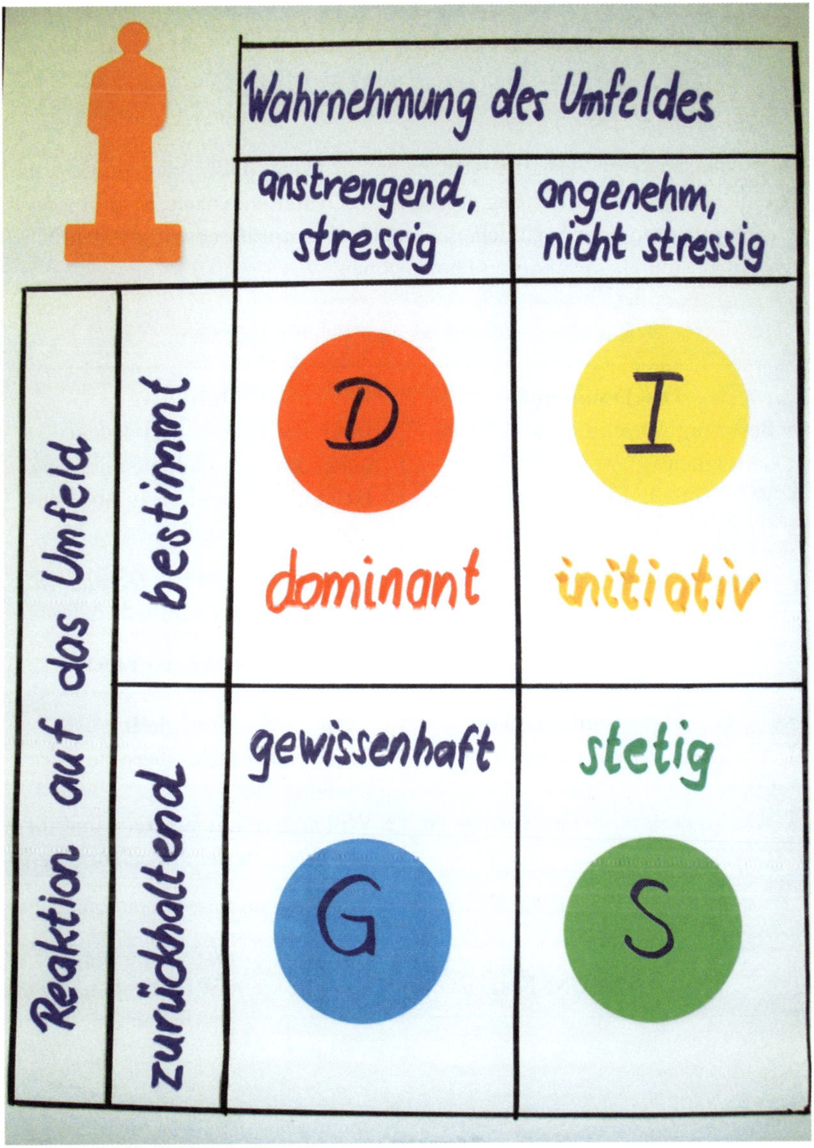

Aus den Achsenpolen entsteht das klassische Quadrantenmodell der Verhaltensdimensionen D – I – S und G.

Welche Dimensionen prägen nun mein Verhalten?

Jeder Mensch zeigt Verhaltenstendenzen aus jedem dieser vier Bereiche und ist eine einzigartige Mischung aus den vier Grundtendenzen. Es gibt jedoch, je nach privatem oder beruflichem Umfeld, Hauptpräferenzen, die deutlicher erkennbar sind als die anderen Dimensionen.

Die Beschreibung der vier Grundtendenzen

D – Dominanz ▪ Bevorzugt Direktheit und Unabhängigkeit ▪ Will schnelle Ergebnisse erzielen ▪ Ist motiviert, Probleme zu lösen *„Ich fordere mich gerne selbst heraus."* … stellt **WAS**-Fragen	**I – Initiative** ▪ Interagiert gerne und drückt Gedanken und Gefühle offen aus ▪ Ist motiviert, andere zu überzeugen und zu beeinflussen *„Ich will frei sein von Detailarbeit und Kontrolle."* … stellt **WER**-Fragen
G – Gewissenhaftigkeit ▪ Achtet auf Präzision und Genauigkeit ▪ Will Ärger und Fehler vermeiden *„Ich kann Dinge gut durchdenken und arbeite gerne mit Fachleuten zusammen."* … stellt **WARUM**-Fragen	**S – Stetigkeit** ▪ Schafft ein stabiles, berechenbares Umfeld ▪ Will andere unterstützen und für geordnete Beziehungen sorgen *„Ich will mit anderen zusammenarbeiten, um Ergebnisse zu erzielen."* … stellt **WIE**-Fragen

wollen: ...Kontrolle ausüben und Ergebnisse erzielen
Sie beeinflussen gerne ihre Umwelt und fühlen sich durch Widerstände herausgefordert.
wollen: ...mit anderen interagieren
Sind motiviert, wenn sie andere für neue Aktivitäten gewinnen und begeistern sollen.
Sie fühlen sich herausgefordert, wenn bekannte und bewährte Vorgehensweisen zur Erzielung optimaler Qualität eingesetzt werden.
wollen: ...Situationen mit geringem persönlichen Risiko unter Kontrolle halten
Sie wollen den Herausforderungen des Alltags begegnen, indem sie Vertrautes bewahren.
wollen: ...andere unterstützen und für geordnete Beziehungen sorgen

„personal mastery“ – oder die „Meisterschaft“ meiner Fähigkeiten und Stärken

„Nur eines beglückt zu jeder Frist, schaffen, wofür man geschaffen ist.“
Paul Heyse

Folgend finden Sie ein ganzes „Ensemble“ von Fähigkeiten und Stärken, die bei verschiedenen Menschen in unterschiedlichen Ausprägungen zu finden sind.

Hier zeigt das Modell seine ressourcen- und potentialorientierte Qualität. Kreuzen Sie die auf Sie zutreffenden Eigenschaften an!

Dominant	**Initiativ**
☐ entschlusskräftig ☐ ergebnisorientiert ☐ unabhängig ☐ bringt Dinge ins Rollen ☐ willensstark ☐ wetteifernd ☐ risikobereit ☐ direkter Kommunikator ☐ Selbstvertrauen ☐ im Team: richtungsweisend	☐ gesellig ☐ begeisternd ☐ genießt das Leben ☐ kontaktfreudig ☐ schafft begeisternde Atmosphäre ☐ fröhlich ☐ Überredungskunst ☐ zeigt Gefühle ☐ unterhaltsam ☐ im Team: stellt Kontakte her
Gewissenhaft	**Stetig**
☐ Genauigkeit ☐ Qualitätsbewusstsein ☐ denkt kritisch ☐ ausdauernd ☐ diplomatisch ☐ will Standards einhalten ☐ Detailfreude ☐ beherrscht und vorsichtig ☐ deckt Schwachstellen auf ☐ im Team: konzentriert auf wichtige Details	☐ geduldig ☐ unterstützend ☐ zurückhaltend ☐ loyal, treu ☐ beständig ☐ harmonisierend ☐ Interessen anderer achtend ☐ hört gut zu ☐ ruhig ☐ im Team: führt spezialisierte Arbeiten aus

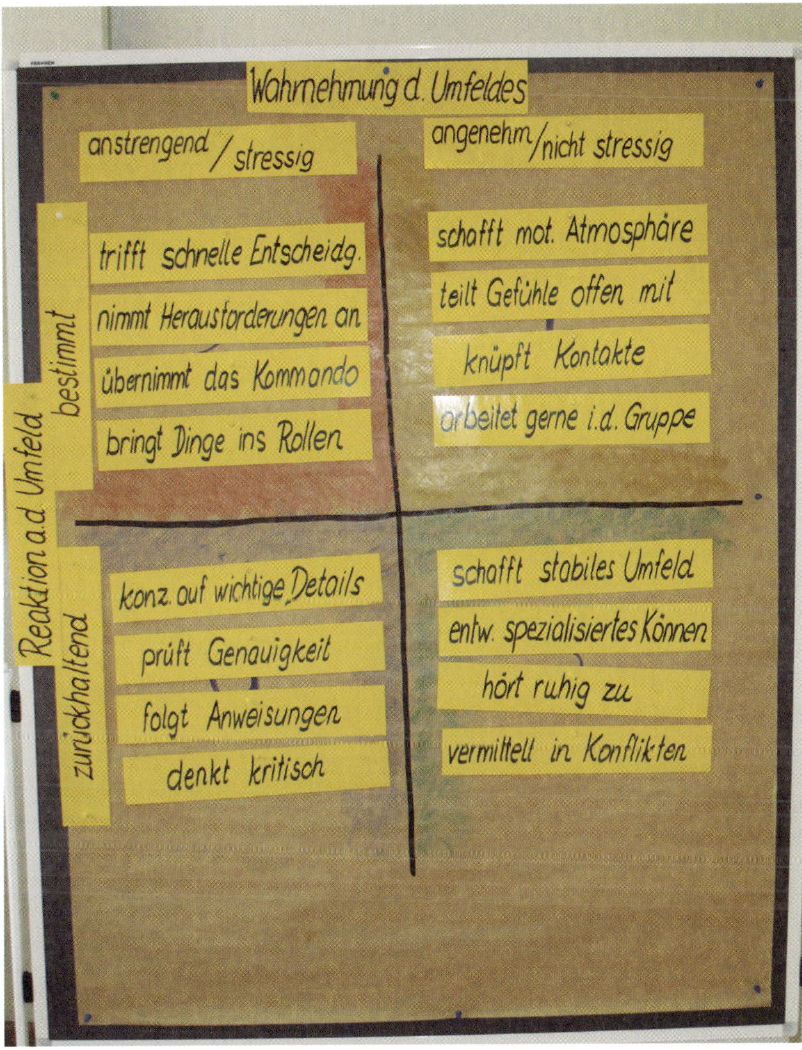

Typische Verhaltensweisen, die wir bei den vier Verhaltensstilen beobachten können

Meine persönlichen Motivationsfaktoren

„Motivationsintelligenz ist vor allem die Fähigkeit, zum Meister des eigenen Wollens und Begehrens zu werden." Alexander Christiani

Die Stärken unterscheiden sich bei den unterschiedlichen Ausprägungen ebenso wie die Motivationsfaktoren bzw. die Umstände, die sich auf die einzelnen Verhaltensweisen motivierend auswirken.

Kreuzen Sie die zutreffenden Punkte an!

Dominant	**Initiativ**
☐ Herausforderungen ☐ neue und vielfältige Aufgaben ☐ große Projekte ☐ Entfaltungsmöglichkeiten ☐ Macht und Einfluss ☐ keine direkte Kontrolle ☐ klare Ziele ☐ schnelles Arbeiten ☐ direkte Lösungen	☐ Abwechslung ☐ Zeit, das Leben zu genießen ☐ frei von allzu vielen Details ☐ flexible Bedingungen ☐ Gelegenheit zum Kommunizieren ☐ soziale Anerkennung ☐ Netzwerkaktivitäten ☐ freie Ausdrucksmöglichkeiten ☐ Beziehungen
Gewissenhaft	**Stetig**
☐ Qualität und Genauigkeit ☐ klare Definition von Leistungserwartungen und Standards ☐ Begründung für Veränderung ☐ Anerkennung für geleistete Arbeit ☐ klare Aufgabenverteilung ☐ Gelegenheit zum Nachfragen ☐ ordentliches Umfeld ☐ möglichst wenig Zeitdruck	☐ Stabilität/Beständigkeit ☐ wenig Veränderung ☐ Kooperation/Zusammenarbeit ☐ echte persönliche Anerkennung ☐ harmonisches Umfeld ☐ klare, gute Beziehungen ☐ ein kleines Team ☐ Einsatz anerkannter Methoden ☐ Unterstützung bei Herausforderungen

Stärken – Motivationsfaktoren – motivierende Umstände

Nützen Sie Ihr Potential!

Die Lehren aus dem Persönlichkeitsprofil

Forscher, Trainer und Berater, die jahrelang mit dem auf den Verhaltensdimensionen dominant, initiativ, stetig und gewissenhaft basierenden Persönlichkeits-Modell arbeiten, kommen zu **folgenden Erfahrungswerten**, die es sich lohnt, zu beherzigen:

- **Nützen Sie Ihre Stärken!**
  Dort, wo die Ausprägungen hoch sind, liegen die persönlichen Stärken. Aufgaben, die mit den Stärke korrespondieren, gehen leicht von der Hand, hier ist man erfolgreich.
- **Kümmern Sie sich nicht allzu sehr um Ihre Schwächen!**
  Wo die Ausprägungen niedrig sind, liegen die Schwächen. Aufgaben in diesem Bereich empfindet man als mühsam.
  Schwächen auszubügeln ist mühsam. Also: Selbst tun, nur wenn es sein muss, ansonsten ist es besser, sich hier von anderen unterstützen zu lassen.
- **Korrigieren Sie Ihre Problemzonen!**
  Die eigentlichen Problemzonen liegen dort, wo ich der Stärken zu viel habe. Dann wird der dominante Macher einer, der über alle anderen drüberfährt, der Initiator baut Luftschlösser, der Stetige verliert sich vor lauter Harmoniestreben und Nachsicht und der Gewissenhafte wird zum Pedanten. Das ergibt dann wirklich Probleme, für sich selbst und für das Umfeld.
- **Entdecken Sie Ihre Potentiale!**
  Die Gegenüberstellung von meinen Stärken und den Motivationsfaktoren meines Umfelds (z. B. am Arbeitsplatz) gibt interessante Aufschlüsse über Stress und Potentiale. Wo ich Dinge tun muss (oder glaube, sie tun zu müssen), die mir nicht entsprechen, entsteht Stress. Wo ich Dinge noch nicht tue, die mir entsprechen würden, liegen gut aktivierbare Potentiale.

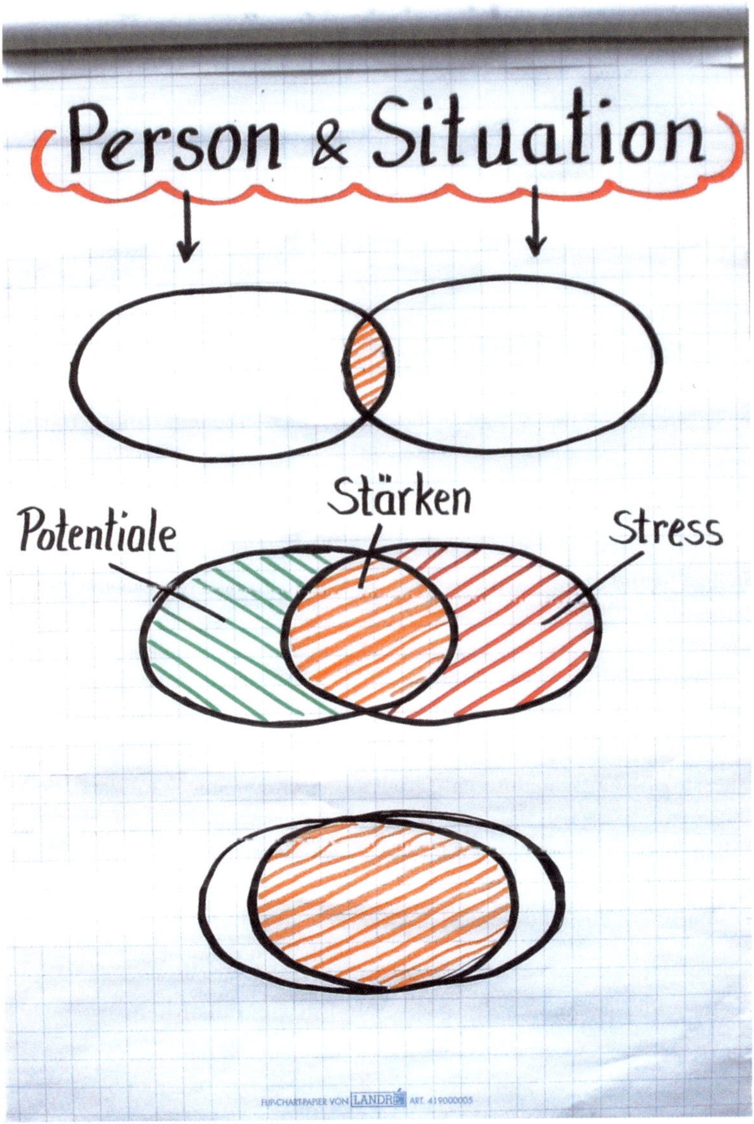

Erfolgreiche Menschen schaffen es, ihr inneres Potential mit den äußeren Anforderungen immer mehr in Einklang zu bringen.

Verhalten erfolgreich situativ anpassen

„Keine menschliche Kommunikation ist ohne Anpassung möglich.“
Jürg Willi

„D“ braucht andere,	**„I“ braucht andere,**
▪ die Routinearbeiten gerne erledigen, ▪ die auf Details und Fakten achten, ▪ besonnen und mit Vorsicht handeln und ▪ sichere Entscheidungne vorbereiten.	▪ für Routine- und Detailarbeiten, ▪ die sich an Zahlen und Fakten orientieren, ▪ die systematisch und geplant arbeiten, ▪ die Vorgänge kontrollieren und ▪ sich auf eine Aufgabe konzentrieren.
Entwicklungsthemen für „D“:	**Entwicklungsthemen für „I“:**
▪ mehr Geduld aufbringen ▪ zuhören ▪ auf Bedürfnisse anderer eingehen	▪ klare Prioritäten setzen ▪ andere realistischer einschätzen ▪ Entscheidungen objektiv treffen

„G“ braucht andere,	**„S“ braucht andere,**
▪ die schnelle Entscheidungen treffen, ▪ unpopuläre Standpunkte aussprechen und ▪ kompromissfähig und flexibel sind.	▪ die schnell auf Veränderungen reagieren, ▪ neue Herausforderungen annehmen, ▪ unangenehmes direkt angehen und ▪ Aufgaben delegieren.
Entwicklungsthemen für „G“:	**Entwicklungsthemen für „S“:**
▪ mehr Optimismus an den Tag legen ▪ das Verhältnis von Aufwand und Ergebnis überprüfen ▪ besser mit Gefühlen umgehen	▪ öfter einmal die Initiative ergreifen ▪ sich Konfrontationen bewusst stellen ▪ klar Nein sagen

„Zwischen Reiz und Reaktion gibt es einen Raum. In diesem Raum hat der Mensch die Freiheit und die Fähigkeit, seine Reaktion zu wählen. In dieser Entscheidung liegen unser Wachstum und unser Glück."

Steven Covey

Der Beitrag über Persönlichkeit nach dem persolog-Modell stammt von Prof. Helmut Roth (h.roth@xpand.eu, www.xpand.eu), zertifizierter Trainer nach persolog. (www.persolog.com).

Selbstwert

Sich selbst als wertvoll erleben dürfen

Der Selbstwert ist die Qualität der Gefühle und Vorstellungen, die ich über mich selbst habe. Das Selbstwertgefühl prägt die Einstellung zu mir und zu anderen und beeinflusst damit jede Kommunikation und Zusammenarbeit.

Den Selbstwert kann man sich wie **zwei Gefäße** vorstellen: Auf dem einen steht „Glück" und auf dem andern „Leid". Bei jedem positiven Erlebnis tropft etwas ins Glücksgefäß, bei jeder Enttäuschung oder Kränkung ins Leidgefäß. Die Bilanz aus beiden ist jeder Person schnell anzumerken.

Das Selbstwertgefühl wird aus **fünf Quellen** gespeist:

- **Erfolg**. Bei Erfolgserlebnissen tropft es ins Glücksgefäß, bei Misserfolgserlebnissen ins Leidgefäß.
- Das Verhältnis von Mächtigkeit zu Ohnmacht. Mächtig sein meint, **Kontrolle** über sein Handeln zu haben, sich selbst helfen und etwas bewirken zu können, mitentscheiden zu können usw. Ohnmacht meint, hilflos und ohne Wirkung zu sein.
- **Wertschätzung** sich selbst gegenüber und durch andere ist eine gute Energiequelle für den Selbstwert. Herabwürdigung fließt hingegen ins Leidgefäß.
- Werde ich grundsätzlich so **akzeptiert**, wie ich bin? – Mit meinem Alter, als Frau/als Mann, meiner Figur, meinem Beruf usw.
- **Wertebezug**. Darf ich in unterschiedlichen Lebensbezügen so handeln, wie es meinen Wertvorstellungen entspricht, oder muss ich mich oft gegen meine Überzeugungen verhalten?

In unterschiedlichen Lebenssituationen tropft es stetig in die beiden Selbstwertgefäße. Aber in welches? Und in welchem Verhältnis? Und wann ist die Bilanz ausgeglichen? Wer jetzt an 1:1 (Glück : Leid) denkt, liegt weit daneben. Unser Organismus reagiert auf Gefahr und Leid deutlich stärker denn auf Chancen und Glück. Erst bei einem **Glück : Leid-Verhältnis von 5:1** bilanzieren wir ausgeglichen (Gottman-Konstante) Erst danach wird der Selbstwert gestärkt.

Zum Weiterlesen:
Die Logik der Liebe, in: GEO, Ausgabe 12/2002
Die Kraft der Zuversicht, in: GEO, Ausgabe 10/2006

Wie Selbstwert entsteht

Probleme sind zum Lösen da!

Aber zuerst muss ich wissen: Wer hat eigentlich das Problem?

Wer Ziele erreichen will, stößt dabei natürlich auch auf Hindernisse. Probleme sind Hindernisse auf dem Weg zum Ziel. Ein erster Schritt vor der Problemlösung ist die richtige Zuordnung, wer das Problem eigentlich besitzt: ich oder der andere?

Thomas Gordon bietet dafür ein einfaches und hilfreiches Analyseschema an: das **Verhaltensrechteck**. In einem langgezogenen Rechteck sind alle meine Handlungsmöglichkeiten enthalten. In der Mitte des Rechtecks befindet sich eine große **problemfreie Zone**, hier komme ich mit den Menschen in meiner Umgebung gut aus und kann gut mit ihnen zusammenarbeiten.

Aber an den beiden Enden, oben und unten, wird es problematisch:

- Vom oberen Rand her wird die problemfreie Zone gestört, weil mein Gegenüber ein Problem hat. Das kann eine Belastung, eine Kränkung, ein Sich-übergangen-Fühlen, eine Unter- oder Überforderung, ein Schicksalsschlag, eine Krankheit oder eine Unvereinbarkeit sein. Egal, ob von mir verursacht oder nicht.
- Am unteren Rand sitzen die Probleme, die ich mit anderen habe. Das kann die Unpünktlichkeit des anderen sein, seine Unordnung, Zusagen, die nicht eingehalten wurden, letztlich alle Verhaltensweisen des anderen, die mich stören.

Die entscheidende Frage vor der Problemlösung lautet also: Wen stört es? Danach richtet sich die Reaktion.

Hat mein Gegenüber das Problem, so ist die richtige Reaktion: Ich höre dir zu, bin aktiv für dich anwesend (**Aktives Zuhören**, Ja-Straße).

Habe jedoch ich das Problem, muss ich mich abgrenzen, den Übergriff zurückweisen, sagen, was mich stört und dass ich das nicht will (**Ich-Botschaft**).

Warnung vor zwei **Hauptfehlern**:

- Jemand erzählt mir ein Problem und ich mache es sofort zu meinem. Menschen, die mit diesem **Helfersyndrom** ausgestattet sind, führen sich selbst in die Überforderung und ihr Gegenüber in die erlernte Hilflosigkeit.

- Ich tue lange so, als ob mich etwas gar nicht stören würde. Dabei steigt der innerliche Druck stetig und oft genügt eine Kleinigkeit für die Explosion. Mein Gegenüber kennt sich nicht aus, weil ich ja nie etwas gesagt habe.

So nehmen Sie Ihre Zukunft selbst in die Hand

Wer Problemen immer ausweicht, kommt nicht zum Ziel. Wir ergänzen ein altes Sprichwort: Der Klügere gibt so lange nach, bis er der Dumme ist! Packen Sie Probleme an und lernen Sie, wie Probleme richtig angesprochen werden.

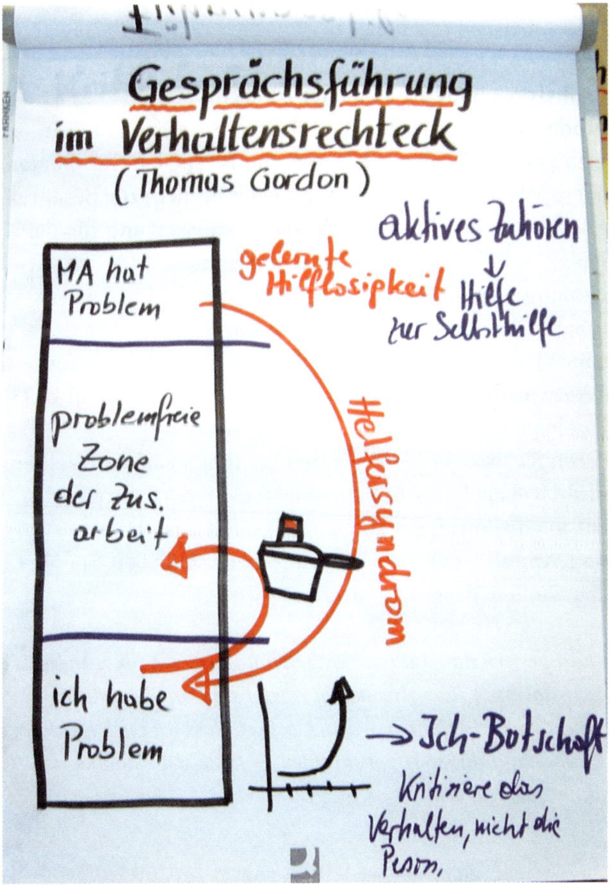

Wer hat das Problem?

Jetzt reicht's!

Die Ich-Botschaft als Methode, Probleme richtig anzusprechen

Jemand macht Ihnen durch sein Verhalten Probleme. Eine Methode, Grenzen deutlich zu ziehen und dabei doch in der Beziehung bleiben zu können, bietet die Ich-Botschaft.

Dieses Instrument wenden Sie bei **mittleren** Störungen an. Bei Kleinigkeiten lohnt der Aufwand nicht, da genügt eine Bitte oder eine direkte Aufforderung, es anders zu machen.

Die **Konstruktionselemente** einer Ich-Botschaft sind:

- **Beschreiben** Sie genau, welches Verhalten Sie stört: konkret, ohne Verallgemeinerungen, möglichst mit Daten und Beispielen. Ihr Gegenüber sollte keine andere Wahl haben, als (wenigstens innerlich) zur Beschreibung Ja zu sagen. Die exakte Beschreibung ist die Voraussetzung für den Erfolg des Gesprächs. Quelle der Information muss nach Möglichkeit die eigene Wahrnehmung sein. Wenn Sie Informationen von Dritten verwenden, begeben Sie sich in eine schwache Position.
- Machen Sie klar, welche **Auswirkungen** das beschriebene Verhalten auf Sie hat. Die Auswirkungen als logische Folgerungen sollten für das Gegenüber nachvollziehbar sein.
- Formulieren Sie, was dieses Verhalten bei Ihnen auslöst. Wählen Sie geeignete **Gefühl**svokabel: „Es ärgert, belastet, irritiert, enttäuscht, stört mich, das macht mich traurig, ich kenne mich nicht aus, etc."
- Mit einem **Appell**, was Sie sich wünschen, schließen Sie ab: „Ich möchte/erwarte/hoffe/, dass ..."

„Klaus, du hast gestern das Auto zurückgestellt und der Tank war leer. Vergangenen Mittwoch war das auch so. – Am späten Abend sind die Tankstellen geschlossen, ich kann dann nicht mehr wegfahren. – Mich ärgert, dass ich mich nicht darauf verlassen kann, mein Auto fahrbereit vorzufinden. – Bitte stelle ab nun das Auto zumindest halbvoll betankt zurück!"

Die Stärke dieses Instruments liegt in der **Kritik des Verhaltens** und nicht der Person. Sie gehen in der Mitteilung von Ihrem Gefühl aus und Ihr Gegenüber kann das Gesicht wahren.

Zum Weiterlesen:
Thomas Gordon, Die Familienkonferenz. Die Lösung von Konflikten zwischen Eltern und Kind

Probleme auf akzeptable Weise ansprechen

Bitte versteh' mich!

Ein Wundermittel, um anderen (und mir selbst) zu helfen, ist das Aktive Zuhören

„Was die kleine Momo konnte wie kein anderer, das war: zuhören."
Michael Ende

Wenn mein Gegenüber ein Problem hat, aufgewühlt, verärgert, enttäuscht, bedrückt usw. ist, dann hilft Aktives Zuhören.

Aktives Zuhören ist eine Form des Daseins für unseren Gesprächspartner, eine Haltung. Es braucht Zeit und Zuwendung. Durch Aktives Zuhören ermöglichen wir unseren Gesprächspartnern, das Problem zu benennen, darzustellen – und das ist häufig schon ein Teil der Lösung, jedenfalls eine befreiende Entlastung.

Wann hat mein Gegenüber den Eindruck, ich höre zu und verstehe, was es ausdrücken will?

- durch **Blickkontakt**, Zuwendung und **bestätigende Reaktionen** – „Ja, mhm, ..."
- Noch stärker wirkt, wenn ich das Gehörte wiederhole oder zusammenfasse, es also **paraphrasiere**:
  „Sie glauben also, dass..."
  „Habe ich richtig verstanden, dass ..."
  „Meinen Sie damit, ..."
- Am stärksten wirkt, wenn ich formuliere, was im Gegenüber wohl gefühlsmäßig vor sich geht. Man nennt dies das **Verbalisieren** der beobachteten oder vermuteten Gefühle des Gegenübers:
  „Darüber sind Sie sehr traurig."
  „Dabei erleben Sie sich machtlos."
  „Wenn Sie das sagen, wirken Sie sehr verunsichert."
  „Das hat Sie sehr verärgert."

Zwei **Beispiele**:

- Ein zweijähriges Kind fällt über eine Stufe und weint. – Wie reagieren? Nicht mit Schimpfen, Vorwurf oder gar Schadenfreude. Probieren Sie es mit Aktivem Zuhören, also: „Das tut jetzt weh!" – Das Kind sagt „Ja", fühlt sich verstanden und weint gleich weniger oder gar nicht mehr.

- Partner oder Partnerin kommt zitternd und aufgebracht nach Hause: Beinahe wäre ihm/ihr ein Raser ins Auto gekracht. – Wie reagieren? Vorwürfe und Ratschläge würden die Sache höchstens schlimmer machen. Aktives Zuhören trägt dazu bei, dass sich die Aufregung etwas legen kann:
  - „Beinahe hätte es gekracht." – „Ja, …"
  - „Du hast dich richtig erschreckt." – „Ja, …"
  - „Über so einen Raser kann man sich wirklich ärgern, so jemand ist gemeingefährlich." – „Ja, genau!"

Wer durch Aktives Zuhören ein- bis dreimal „Ja" erntet, hat die Situation entspannt, Verständnis gezeigt und dem Gegenüber geholfen. Wir nennen das eine **„Ja-Straße"**.

Ja, du verstehst mich. Danke!

Problemlösung heißt: Machen wir es in Zukunft besser!

Grundsätzlich ist ein Problem die Abweichung des „Ist" vom „Soll".

Vergangenheit – Gegenwart – Zukunft

Wenn ich ein Problem sehe, bin ich mit dem gegenwärtigen Zustand nicht zufrieden. Sobald ich jemandem das Problem schildere, wird die sachliche und die gefühlsmäßige Seite des Problems im „Jetzt" erkennbar. Sehr schnell landet man auch bei den Ursachen für das Problem. Rasch kennt man die Schuldigen. Viel besser sind allerdings sachliche Fragen („Wie ist das Problem entstanden?") als emotionale Fragen („Wer ist schuld?"). Aber das Ganze hat nur Sinn, wenn der Blick in die Zukunft gerichtet ist: „Was wünschen wir uns?" und „Wie lösen wir es?"

Führen durch Fragen, nicht durch Sagen

Wenn ich schon von vornherein die Ursachen zu kennen glaube und weiß, was zu tun ist, werden Kreativität und gemeinsame Lösungsfindung erstickt. Viel besser ist eine Fragehaltung. Fragen öffnen, beflügeln und bringen viel bessere Ergebnisse bzw. hohe Identifikation.

Die 1:3-Formel

Manche Menschen haben einen besonderen Hang zur „Vergangenheit". Sie zerreden das Problem, graben sich tiefer und tiefer in die Ursachenforschung und werden dabei immer missmutiger und kraftloser.
Geben Sie der Ursachenanalyse nur ein Viertel der Zeit und verwenden Sie den Großteil für die Zukunft. Problemlösung ist ein zielorientierter Prozess mit dem Ziel, es zukünftig besser zu machen.

So nehmen Sie Ihre Zukunft selbst in die Hand

Geben Sie Problemlösungsgesprächen eine Struktur:

- Problem erkennen und beschreiben
- Ursachenanalyse
- Zielformulierung: der gewünschte Zustand
- Sammeln und Auswahl von Lösungsvorschlägen
- Entscheidung und Aktionsplan.

Denken Sie an die Fragehaltung und die 1:3-Formel.
Führen Sie sich und andere durch Fragen und Struktur!

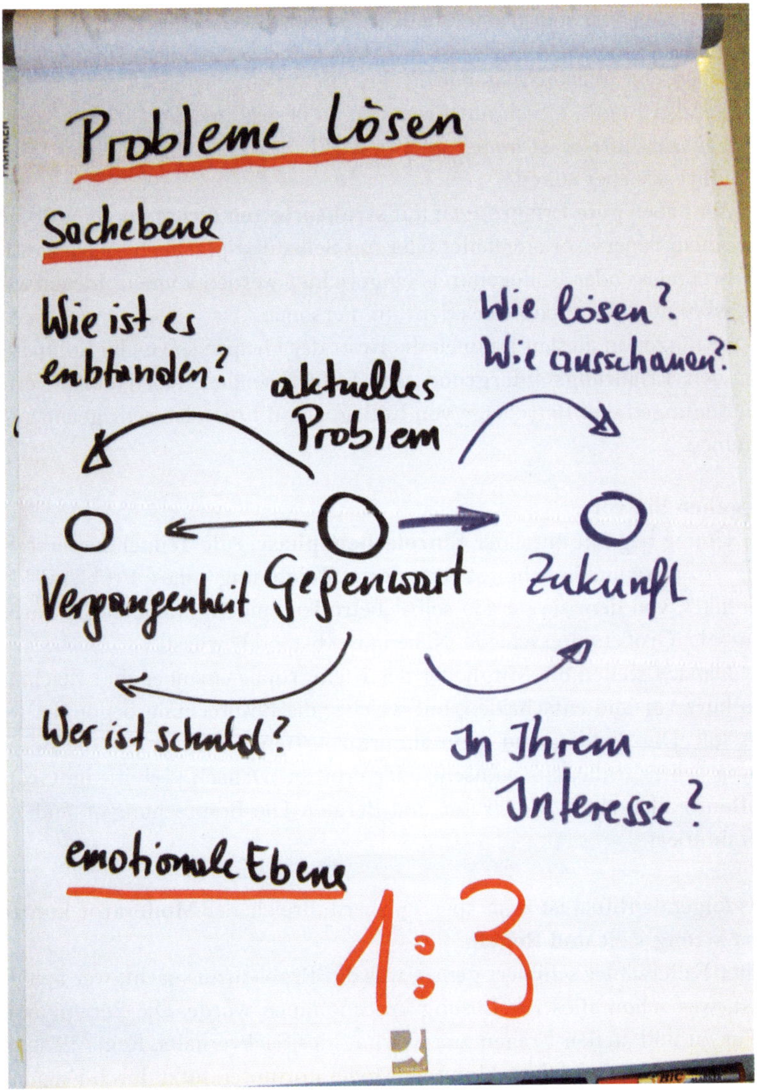

Vom Problem zur Lösung

Die kollegiale Beratung

Ist ein Problem erst einmal klar formuliert, ist es schon halb gelöst.

Sie haben eine schwerwiegende Frage, ein tiefer gehendes Problem, einen belastenden Konflikt. Sich mit Freunden zu besprechen, bei einem Glas sein Herz auszuschütten, ist immer gut, zu wirklichen Fortschritten oder Lösungen führt das aber selten.

Wir haben gute Erfahrungen mit **strukturierten Gruppen**, die entweder von einem Supervisor angeleitet oder mit Selbstdisziplin auch im ausgewählten Freundes- oder Kollegenkreis eingerichtet werden können. Idealerweise umfassen diese Gruppen vier oder fünf Personen.

Sie nützen in diesem Rahmen die Kraft der Gruppe sowie die Kompetenz und den Erfahrungshintergrund der Teilnehmenden. Noch dazu werden Überlegungen und Ratschläge von Kollegen und Freunden sehr gerne angenommen.

So gehen Sie vor:
Die Übung beginnt mit einer **Einzelarbeitsphase**. Alle Teilnehmer erstellen eine soziogrammähnliche, strukturierte **Zeichnung** eines Problems oder Konflikts, von dem sie gerade selbst betroffen sind. Verwenden Sie Farben, Symbole, Größenunterschiede, Nähe und Abstand bewusst.

Danach stellen die Mitglieder der Kleingruppe einander ihre Zeichnungen kurz vor und entscheiden, mit welcher die Besprechung begonnen werden soll. Die Runden sind dann am ergiebigsten, wenn jemand die Besprechung seines Anliegens wünscht oder erbittet. Danach verteilt die Gruppe **Rollen**: Fallerzähler, Moderator und Berater. Die Besprechungen sind zeitlich limitiert.

Das folgende Ritual ist zwar sperrig, aber hilfreich, der **Moderator kontrolliert streng Zeit und Regeln**:

- Der Fallerzähler schildert genau, was das Problem ausmacht, wer beteiligt ist, was schon alles zur Lösung unternommen wurde. Die Berater hören nur zu und stellen Fragen zur Klärung des Sachverhalts. Keine Lösungsvorschläge. Maximal 15 Minuten. Moderator unterstützt durch Fragen.
- Die Berater stellen möglichst offene Verständnisfragen. Keine Hypothesen, Ratschläge und Interpretationen. (maximal fünf Minuten)

- Die Bearater beraten über das Gehörte, suchen Hypothesen, Bilder, Ideen, überlegen, was das Problem zum Problem macht. Noch keine Lösungsvorschläge, kein Konsens nötig. Der Erzähler hört nur zu. (maximal zehn Minuten)
- Der Erzähler teilt mit, was hilfreich war und was ihn angesprochen hat. (maximal fünf Minuten)
- Jetzt sammeln die Berater Lösungsideen; es gibt keine Zensur und auch „Verrücktes" ist erlaubt. Der Erzähler hört nur zu. (maximal zehn Minuten)
- Jetzt gibt der Erzähler Rückmeldung zu den Lösungsideen. Die Berater hören nur zu. (maximal fünf Minuten)
- Wenn notwendig und noch Zeit zur Verfügung steht, können die Rollen vertauscht und es kann noch ein weiterer Durchgang der kollegialen Beratung durchgeführt werden.

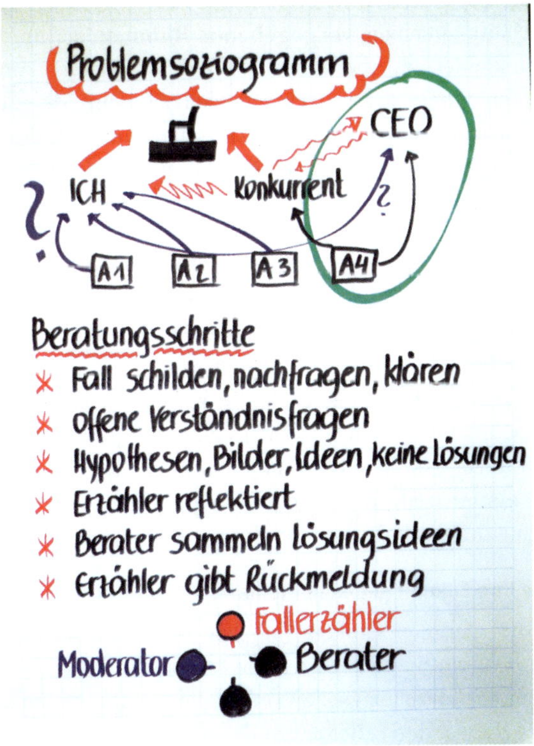

Probleme besprechen mit Methode

Nicht aus dem Rahmen fallen

Das Rahmenmodell der Selbstwirksamkeit

Ob Privatwirtschaft oder Öffentlicher Dienst – wir hören aus allen Berufsgruppen ohne Unterschied: Es wird immer schwieriger, die Zahl der Mitarbeiter sinkt, die Belastungen steigen, die Arbeit wird mehr. Und was besonders kränkt: Die Berufsgruppen werden gegeneinander ausgespielt und schlecht gemacht, die Lehrer, die Beamten, die Eisenbahner, die Manager usw. Und wenn dann ein Lehrer noch Beamter, ein Manager noch Eisenbahner oder gar Bankier ist, …

Und was kränkt, macht krank. Es entsteht Demotivation und Frustration, was bis hin zu Krankheit und/oder Suchtverhalten führen kann. Der Blick auf die **eigentliche Tätigkeit** wird verstellt, die Leistung sinkt.

Wir alle arbeiten in einem **vorgegebenen Rahmen**, der für die einen größer, für andere kleiner ist. Aber innerhalb dieses Rahmens – und ist er noch so klein – können wir frei agieren, entscheiden, handeln. Mögen die Umstände außerhalb des Rahmens noch so widrig sein, innerhalb des eigenen Verantwortungsrahmens, dort, wo ich selbst wirksam sein kann, entsteht Zufriedenheit.

Am Beispiel der Lehrerin: Klassenschülerzahlen, Pensionsreform, Ansehen der Berufsgruppe, Vorwurf der langen Ferien – all dies sind demotivierende Tatsachen außerhalb des Rahmens. Motivation und Zufriedenheit findet sie in der Arbeit mit ihren Schulkindern im Rahmen ihrer Klasse, wo sie **selbst wirksam** ist.

Die Klugheit liegt darin, nicht ständig innen und außen zu vermischen und dabei die Möglichkeiten innerhalb des Handlungsrahmens zu übersehen.

Achtung, Führungskräfte: Das Jammern über die schlechten Bedingungen wird oft als Ausrede genommen, um im eigentlichen Arbeitsbereich nichts mehr tun zu müssen.

So nehmen Sie Ihre Zukunft selbst in die Hand

Richten Sie Ihre Aufmerksamkeit auf jene Themen, bei denen Sie selbst etwas tun können, wo Sie selbst wirksam sein können. Lassen Sie sich nicht in die „Jammerzone" hineinziehen. Verteidigen Sie Ihren Rahmen, beauftragen Sie für die notwendigen Reformen die Interessensvertretungen oder die Politik, aber halten Sie das Innen und Außen auseinander.

„Herr, gib mir den Mut und die Kraft, jene Dinge zu verändern, die ich verändern kann, gib mir die Gelassenheit, Dinge hinzunehmen, die nicht geändert werden können, und gib mir die Weisheit, das eine vom anderen zu unterscheiden."

Im Rahmen der eigenen Möglichkeiten wirksam werden

Das Tankmodell

Das schönste, teuerste und beste Auto fährt nur, wenn es den richtigen Treibstoff im Tank hat. Es muss nicht immer voll getankt sein, aber bei längeren Strecken muss ausreichend Kraftstoff da sein oder immer wieder nachgefüllt werden.

Übertragen wir das Bild auf den Menschen:

Unser **Seelentank** enthält unsere Wünsche, Sehnsüchte und Bedürfnisse. Im Tank brauchen wir jene **Treibstoffe**, die ein Mensch benötigt, um sich wohl zu fühlen: Spaß, Anerkennung, Liebe, Sinnhaftigkeit, Abenteuer, Geborgenheit, Sicherheit, Energie, Ruhe, Zärtlichkeit, Vertrauen und Ähnliches wird wohl für die meisten Menschen die geeignete Tankfüllung sein.

Was sind nun die „**Tankstellen**"? Jene Handlungen, Dinge und Personen, die wir brauchen, damit wir Kraft tanken können, stellen unsere Tankstellen dar. Aber so wie die Kraftstoffe verschieden sind, sind es auch die Tankstellen. Von vielen Menschen angefahrene Kraftquellen sind der gelungene Kontakt zu anderen Menschen, die Natur, die Bewegung, Singen und Musizieren, die Kunst, der Verein, das Fest, der Sport, Hobbys, Bücher, Tanzen, Musik hören.

„Bitte volltanken" funktioniert im Leben nicht. Ich muss mich bewegen (physisch und psychisch), muss mich um alte und neue Tankstellen bemühen, verstopfte Zugänge reinigen und offen halten.

Manchmal benutzen wir **Ersatztreibstoffe** und freuen uns, dass diese tatsächlich – zumindest kurzfristig – das „Werkl am Laufen halten", sehen aber oft erst zu spät, dass die Maschine dadurch geschädigt wird. Fatalerweise braucht die Maschine dann immer noch mehr von den Ersatzstoffen. Alkohol, Nikotin, andere Substanzen, Internetsurfen, Arbeit, Konsum können Dinge sein, die von **Genuss** über **Gewohnheit** und Missbrauch zur **Sucht** führen können.

Im Tankbild wirken die Ersatzstoffe wie Korken an den Tanköffnungen und leeren auf Dauer den Tank.

So nehmen Sie Ihre Zukunft selbst in die Hand

Tragen Sie in ein leeres Tankmodell Ihre Wünsche, Bedürfnisse und Sehnsüchte sehr konkret ein, schreiben Sie die jeweiligen Tankstellen dazu und legen Sie sich selbst Rechenschaft darüber ab, ob Sie genug zur Erhaltung und Neueröffnung von Tankstellen tun. Seien Sie ausreichend ehrlich zu sich selbst und überlegen Sie, ob Sie manche Zugänge zum Seelentank durch Ersatzstoffe verkorken.

Schriftlich und ganz konkret bringt Ihnen am meisten.

(Tankmodell nach Christoph Lagemann)

Voller Tank – erfülltes Leben

Die JA-Schalter

Jedes NEIN zu jemand anderem ist ein JA zu sich selbst.

Natürlich wollen wir „geliebt" werden und nicht als selbstsüchtig, hartherzig, rücksichtslos und autoritär gelten. Deshalb fällt es oft schwer, Wünsche von Mitmenschen abzulehnen, obwohl Ihre Situation eine Zusage gar nicht erlaubt und Sie eigentlich auch gar nicht zusagen wollen. Und schon haben Sie JA gesagt, obwohl Sie NEIN sagen wollten.

Aber der Mensch ist schwach und noch dazu mit **Ja-Schaltern** ausgestattet. Und unsere Kinder, Freunde, Partner und Chefs kennen diese Schalter und versuchen sie jedes Mal umzulegen:

- **Anerkennungssschalter**: „Auf Dich kann ich mich verlassen."
- **Bin-so-arm-Schalter**: „Ich schaffe das nicht, kannst Du mir nicht helfen?"
- **Bestechungsschalter**: „Es soll Dein Schaden nicht sein, wenn …"
- **Konkurrenzschalter**: „Wenn Du mir nicht hilfst, dann frage ich halt Deinen Bruder."
- **Leistungsschalter**: „Wie Du das alles mit links schaffst. Du bist so leistungsfähig."
- **Neugierschalter**: „Das hat in unserer Verwandtschaft noch niemand gemacht, ist ganz was Neues."
- **Fähigkeitsschalter**: „Wenn Du das nicht kannst, wer dann?"
- **Sympathieschalter**: „Du bist mir im ganzen Verein der Sympathischste, mit Dir kann ich mir diese Arbeit gut vorstellen."
- **Solidaritätsschalter**: „Du kannst uns doch in dieser so wichtigen Phase nicht allein lassen. Wir sitzen alle im selben Boot."
- **Schlechtes-Gewissen-Schalter**: „Nie spielst Du mit uns und jetzt liest Du schon wieder die Zeitung!"

So nehmen Sie Ihre Zukunft selbst in die Hand

Erkunden Sie Ihre Ja-Schalter. Wer seine Schwachstellen kennt, ist ihnen nicht hilflos ausgeliefert, reagiert nicht immer gleich nach alten Mustern. Flüchten Sie nicht in fadenscheinige Ausreden, sondern erlernen Sie Abgrenzungsstrategien.

Zum Weiterlesen:
August Höglinger, Grenzen setzen bei Erwachsenen

Sich die eigenen Schalter bewusst machen

Erfolgreich NEIN sagen

Das NEIN, das ich sagen will, ist hundertmal gedacht, still formuliert, nie ausgesprochen, es brennt im Magen, nimmt mir den Atem, wird zwischen meinen Zähnen zermalmt und verlässt als freundliches JA meinen Mund.

Peter Turrini

Ein klares Nein an der richtigen Stelle und zum richtigen Zeitpunkt bringt Ihnen viele **Vorteile:**

- **Profil:** Ewige Ja-Sager werden oft als profillos wahrgenommen. Gewinnen Sie Profil durch Abgrenzung.
- **Richtungsweisung**: Mit sinnvollen und klaren Entscheidungen, einem klaren Ja oder Nein, geben Sie Ihrer Umgebung Orientierung darüber, was Sie wollen und was nicht.
- **dauerhafte Lösungen**: Im Gegensatz zu einem „vielleicht" oder „später" ist ein Nein der Schlüssel zu einer dauerhaften Lösung.
- **Selbstsicherheit**: „Die Fähigkeit, Nein zu sagen, ist die Geburt der Individualität." (Rene Spitz) So werden Sie als Führungskraft an Sicherheit gewinnen.
- **Akzeptanz:** Interessanterweise werden Neins von der Mitwelt viel besser akzeptiert als man glaubt.

Diese **Zutaten** erleichtern Ihnen das Nein:

- Begründen Sie Ihr Nein.
- Geben Sie klärende Informationen.
- Sie sagen Nein in der Sache; betonen Sie das Ja zur Beziehung.
- Zeigen Sie eine Alternative oder eine Perspektive auf.
- Machen Sie die Vorteile des Nein für alle Beteiligten deutlich.
- Die Folgen des Nein erfragen: „Was würde passieren, wenn ich jetzt Nein sage?"
- Kündigen Sie das Nein für ein nächstes Mal an.
- Knüpfen Sie Ihr Nein an Bedingungen.

So nehmen Sie Ihre Zukunft selbst in die Hand

Üben Sie täglich ein kleines Nein, experimentieren Sie mit dem eigenen Verhalten.

Zum Weiterlesen:
Stephen R. Covey, Die effektive Führungspersönlichkeit: Prinzipienorientiert managen

Die Autonomie seines Handelns erhalten

„Tötet nicht den Boten!“

Schlechte Nachrichten überbringen

Sie kennen das aus dem beruflichen und privaten Leben: Die Kündigung muss ausgesprochen, eine Versetzung angeordnet, eine bedrohliche Diagnose mitgeteilt, eine Bewerbung abgelehnt, das Scheitern des Karrieresprungs mitgeteilt, der Konkurs der Firma verhängt werden – jemandem so eine Nachricht zu überbringen gehört zu den wirklich unangenehmen und schwierigen Herausforderungen im Umgang mit Menschen. Natürlich steht dahinter die Angst vor den möglichen Reaktionen des anderen: Tränen, Verzweiflung, Wut, Aggression.

Aber das sind Aufgaben, die **keinen Aufschub** dulden, die nicht verharmlost werden dürfen und die Sie **selber ausführen** müssen.

Die **Reaktion** von Betroffenen läuft nach bestimmten **Phasen** ab:

- **Schock, Verleugnung, Abwehr**
  In dieser ersten Phase wird oft die Frage „Warum gerade ich?“ gestellt. Hüten Sie sich davor, die Nachricht abzuschwächen oder gar zurückzuziehen. Warten Sie ab und wiederholen Sie die Fakten.
- **Verleugnung**
  drückt sich in Reaktionen wie „Das kann nicht wahr sein!“ aus. Geben Sie keinesfalls den Zweifeln nach und machen Sie keine falschen Hoffnungen. Bleiben Sie bei den Fakten.
- **Frustration, Aggression**
  macht sich mit „Das lasse ich mir nicht gefallen, ich werde mich beschweren!“ „Mit mir nicht!“ Luft. Lassen Sie sich nicht provozieren und zeigen Sie Verständnis für die Emotion Ihres Gesprächspartners, nicht für den Inhalt.
- **Trauerarbeit**
  Unterstützen Sie den Betroffenen durch das Akzeptieren seiner Gefühle, trösten Sie ihn jedoch nicht und machen Sie keinen Rückzieher.
- **Begreifen**
  Am besten unterstützen Sie durch emphatisches Da-Sein.
- **Handeln**
  Hier können Sie nach ersten Schritten fragen, nach Aufforderung auch Informationen geben und weiterführende Hilfen anbieten.

Sie nehmen Ihre Zukunft selbst in die Hand, indem Sie diese Phasen kennen, rasch handeln und weder einen Rückzieher noch falsche Hoffnungen machen.

Zum Weiterlesen:
Verena Kast, Trauern. Phasen und Chancen des psychischen Prozesses

Anleitung für die Übermittlung unangenehmer Nachrichten

4. So halte ich mich beruflich auf Dauer bei Laune

Beim Einstieg in ein neues Tätigkeitsfeld, bei der Übernahme größerer Verantwortung oder bei der Aufnahme in ein neues Team ist die Motivation meist sehr hoch. Leider sinkt die Berufszufriedenheit nach einer gewissen Zeit. Was können wir von den Delfinen lernen, um den Zauber des Anfangs zu bewahren? Was hält das Werk am Laufen? Mehrere Maßnahmen im Zusammenspiel erzeugen immer wieder neuen beruflichen Esprit. Im Modell der Ergänzungsreihe finden sich viele Angebote, die helfen, gesund zu bleiben und krank machende Überforderung zu vermeiden.

Oben bleiben – ein Delfin als Vorbild

Mit der Delfin-Strategie gegen das Absacken

Viele unserer Seminarteilnehmer sagen, dass ihr Beruf an Lebendigkeit verloren hat, dass sie wie im Hamsterrad auf der Stelle treten und nur mehr wenig Freude empfinden.

Wir leiten sie dann an, über die vergangen Jahre bis heute eine **Berufszufriedenheitskurve** („Fieberkurve") zu zeichnen. Der Kurvenverlauf ist bei der Mehrzahl verblüffend ähnlich: Die ersten drei bis fünf Jahre ist die Zufriedenheit hoch, die Arbeit ist herausfordernd, interessant, belebend. Danach werden Grenzen sichtbar und Routine macht sich breit. Die Zufriedenheit sinkt und „dümpelt" im besseren Fall im leicht positiven Bereich. Was tun? – Beizeiten und kontinuierlich positive Akzente nach oben setzen! Schauen wir zu, wie es die Delfine machen!

Delfine lassen sich von einer Welle nach oben treiben. Aber jede Welle bricht ein – wie in der Berufsverlaufskurve Zufriedenheit und Motivation einbrechen. Aber ein Delfin lässt sich von der Welle nicht hinunter drücken, er springt rechtzeitig auf den Rücken der nächsten Welle und lässt sich wieder nach oben tragen.

Delfinen werden hier einige **Eigenschaften** zugeschrieben:

- **Flexibel sein**: Wenn Delfine nicht bekommen, was sie wollen, verändern sie sehr schnell ihre Vorgehensweise.
- **Vision und Ziele**: Delfine haben eine Vorstellung vom eigenen Weg und inspirierende Ziele.
- Delfine **tun**, was den **Zielen dient**: in Frage stellen und reflektieren, Ausdauer, mit anderen kooperieren und gemeinsam gewinnen.
- **Eleganz**: Delfine lieben präzise, saubere und vor allem einfache – eben elegante – Lösungen.

Zum Weiterlesen:
Dudley Lynch/Paul Kordis, Die Delfinstrategie

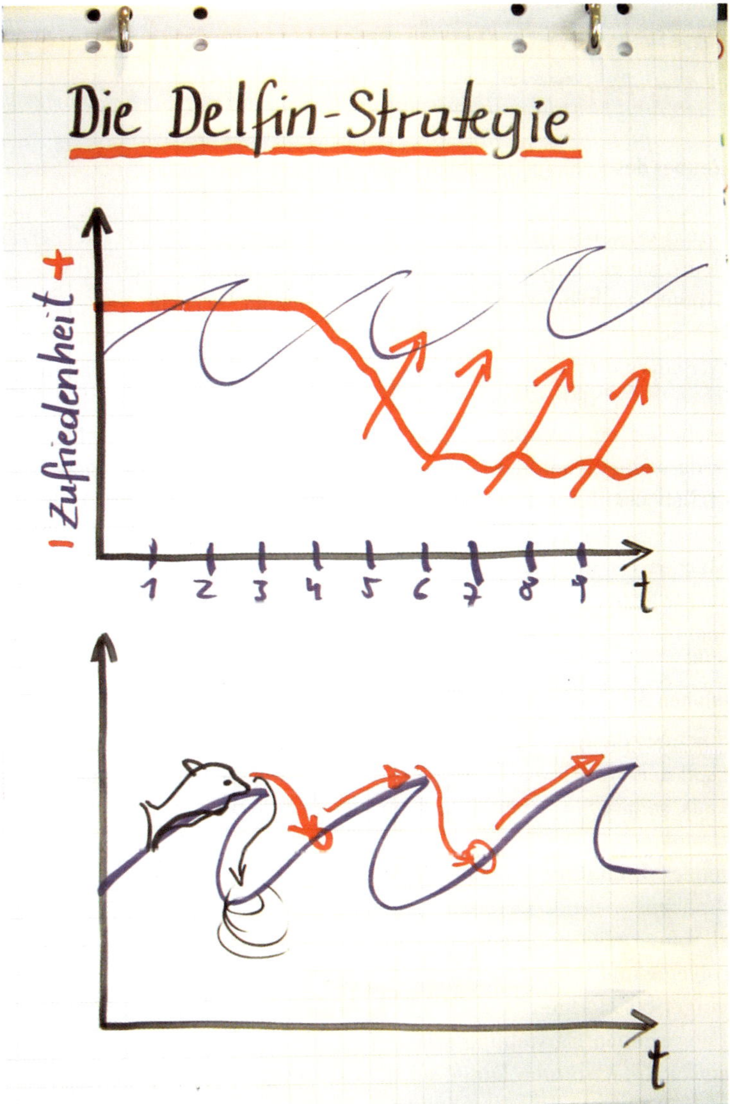

Oben bleiben, auch nach Jahren

Wie halte ich mich beruflich auf Dauer bei Laune?

Den Zauber des Anfangs bewahren

Hier geht es um Selbstmotivation, die auf Dauer angelegt ist. Wie erreiche und halte ich ein gewünschtes Niveau an Zufriedenheit? Dafür gibt es nicht den Knopf, den man drücken kann, und auch keine Arznei.

Wie schafft man es, oben zu bleiben, wie die Delfine es vormachen?

Wir adaptieren dazu eine Idee, die auf **Sigmund Freud** zurückgeht. Nach Freud wird der Mensch nicht schwer krank aufgrund einer einzigen Ursache. Vielmehr ist ein komplexes Wechselspiel von Faktoren ausschlaggebend dafür, dass eine Krankheit ausbricht: Veranlagung, Ernährung, Beziehungen, Beruf, Lebensstil usw. Freud nennt dieses Zusammenspiel mehrerer Faktoren „Ergänzungsreihe".

Machen wir uns diesen Gedanken für unsere Berufsmotivation zunutze.

Wir brauchen eine **Ergänzungsreihe** aus mehreren zusammenpassenden Maßnahmen, um beruflich auf Dauer bei Laune zu bleiben!

So nehmen Sie Ihre Zukunft selbst in die Hand

Zeichnen Sie die Kurve Ihrer Berufszufriedenheit: Wie ist Ihr aktueller Wert? Wie soll der Wert in nächster Zeit sein? Wählen Sie nun passende Maßnahmen aus, sodass Sie sicher sind, damit den Soll-Wert zu erreichen.

Folgende **Maßnahmen** dienen als Anregung, alle sind in diesem Buch näher beschreiben:

- sich immer wieder herausfordernde Ziele setzen
- Probleme und Störungen annehmbar ansprechen
- weniger oft Ja sagen
- an der eigenen Einstellung arbeiten
- Zeit für die wichtigen Dinge schaffen (Pareto, Eisenhower) u.a.

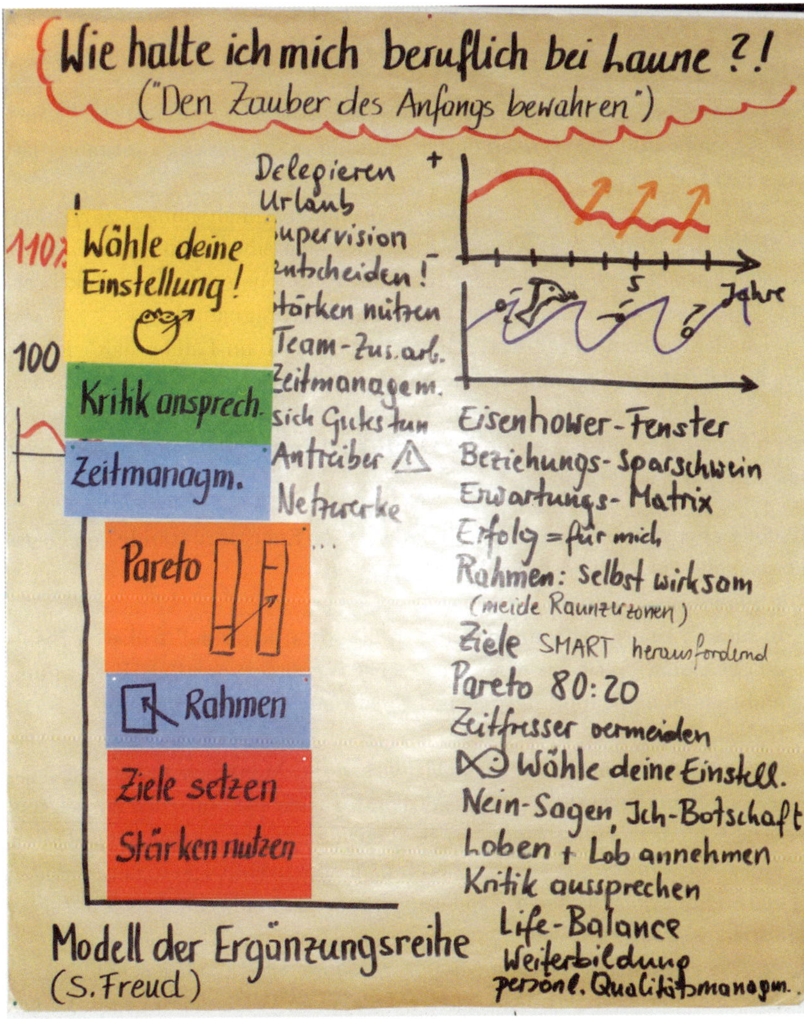

Erst mehrere Maßnahmen im Zusammenspiel erzeugen neuen beruflichen Esprit.

Energiemonitor

Sie betreten ein Amt, ein Büro, eine Werkshalle oder auch das Wohnzimmer einer Familie und Sie erfassen durch Intuition sofort, ob es da „stimmig ist" oder nicht.

Mit dem folgenden Modell bieten wir Ihnen Anhaltspunkte zur Erklärung, warum in der einen Organisation oder dem einen Unternehmen trotz Krisen Einsatz und Engagement, positive Emotionen und Dynamik herrschen und im anderen Lethargie, Lähmung und Resignation.

Das hängt vom „Treibstoff" ab, der „das Werkl am Laufen hält". Dieser Treibstoff ist die **organisationale Energie**, die in den Dimensionen Intensität und Qualität greifbar gemacht werden kann. Die **Intensität** der Energie kann hoch oder niedrig sein, die **Qualität** der Energie kann positiv oder negativ genutzt werden.

In einem Fenstermodell ergeben sich somit **vier Energiezustände** von Organisationen oder Unternehmen:

- **angenehme Trägheit**
  In diesem Energiezustand ruhen sich die Mitarbeiter auf früheren Erfolgen aus, sind zufrieden, wie es ist, sehen Veränderungen als Belästigung und richten ihr Hauptinteresse nicht mehr auf den Arbeitsplatz.
- **resignative Trägheit**
  In einem derartigen Unternehmen wirken die Menschen müde und frustriert, zeigen äußerst reduzierte Aktivität, ziehen sich innerlich zurück und verabschieden sich in den PEB (Pensionserwartungsbunker). Dieser Zustand resultiert aus Verunsicherung, Perspektivenlosigkeit, langwierigen und wenig erfolgreichen Veränderungsprozessen und schlechter Führung.
- **korrosive Energie**
  In diesem Zustand sind die Mitarbeiter stark emotionalisiert und setzen ihre Energien destruktiv ein. Sie leisten aktiven Widerstand gegen Veränderungsprozesse, Lobbies sind mächtig und mischen in Verteilungskämpfen kräftig mit. Sprunghafte, nicht vorhandene oder autoritäre Führungskräfte fördern diesen Zustand.
- **produktive Energie**
  Die Mitarbeiter denken mit, lenken ihr Interesse auf das Unternehmenswohl, sind wachsam für neue Entwicklungen und unternehmen bei Schwierigkeiten gemeinsame Kraftanstrengungen. Führungskräfte führen situativ

richtig, entwickeln eine Unternehmenskultur der Offenheit und Wertschätzung und sind klar in ihren Erwartungen. Probleme werden realistisch eingegrenzt und interpretiert, klar beschrieben und an Lösungen wird mit Zuversicht gearbeitet.

So nehmen Sie Ihre Zukunft selbst in die Hand

Überprüfen Sie Ihre Arbeitsfelder und Begegnungsräume nach den +/– Ausprägungen der Energiedimensionen. Sind Sie zufrieden? Wenn nicht, was tragen Sie als Führungskraft oder Mitarbeiter selber zu diesem Zustand bei? Was sind Sie bereit, dagegen zu tun?

Auch Beziehungen und Familiensysteme lassen sich nach diesem Modell anschauen.

Zum Weiterlesen:
Heike Bruch/Bernd Vogel, Organisationale Energie – Wie Sie das Potenzial Ihres Unternehmens ausschöpfen

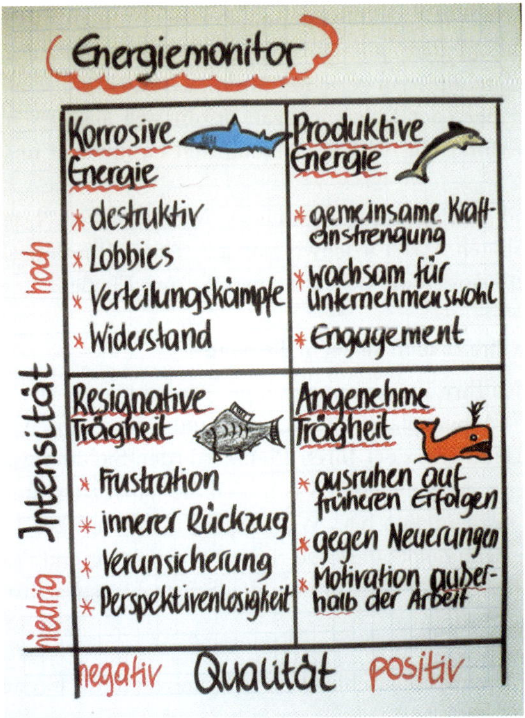

Was hält das Werk am Laufen?

Der Motivationscocktail

Im Gehirn wird aus Psychologie Biologie

Manche Menschen strotzen geradezu vor Tatendrang, anderen fehlt jeglicher Antrieb. Woher kommt das?

Der menschliche Körper ist eine Chemiefabrik und produziert Botenstoffe, die die körpereigenen Motivationssysteme anstarten oder blockieren. Die **Wohlfühlbotenstoffe** führen zu Motivation, Leistungsbereitschaft und Kreativität, die Ausschüttung von **Alarmbotenstoffen** führt zu Panik, Angst, Trauer, Aggression, Depression und macht krank.

Die Hauptantriebskraft für den Leistungs- und Lebenswillen sind gelingende **Beziehungen**. Die Produktion von Wohlfühlbotenstoffen läuft auf Hochtouren, wenn sich der Mensch beachtet und akzeptiert fühlt, wenn er Anerkennung erfährt und in gelingenden Kooperationen und Beziehungen arbeiten und leben darf. (Fatalerweise produzieren **Suchtmittel** ersatzweise dieselben Wohlfühlstoffe, nur wird die gesamte Energie auf die Wiederbeschaffung von Suchtmitteln gerichtet, womit der Suchtkreislauf beginnt.) Als Elternteil, Partner oder Führungskraft ergibt sich aus diesem Wissen eine hohe Verantwortung für die Entwicklung und Gesundheit unserer Mitmenschen.

Musik und **Bewegung** sind weitere Megamotoren. Das gemeinsame Musizieren, Singen, das Einschwingen auf einen Rhythmus, Tanzen und Ausdauersport bringen die Glückbotenstoffe zum Fließen.

So nehmen Sie Ihre Zukunft selbst in die Hand

Schauen Sie sich Ihre „Begegnungsräume" einmal genauer an. Partnerschaft, Parallelwelten, Arbeitsplatz, Verein, Gemeinde, Stammtisch, Club – ist da aufgeräumt? Haben Sie dort Ihren Platz? Werden Sie dort wahrgenommen, akzeptiert oder sogar gemocht? Was tragen Sie selbst zu gelingenden Kooperationen und Beziehungen bei? Was tun Sie überhaupt zur Beziehungsaufnahme und Beziehungspflege? Sind Sie in Schwingung und Bewegung?

Sie haben bei vielen dieser Fragen den Startschlüssel selbst in der Hand.

Zum Weiterlesen:
Joachim Bauer, Prinzip Menschlichkeit: Warum wir von Natur aus kooperieren

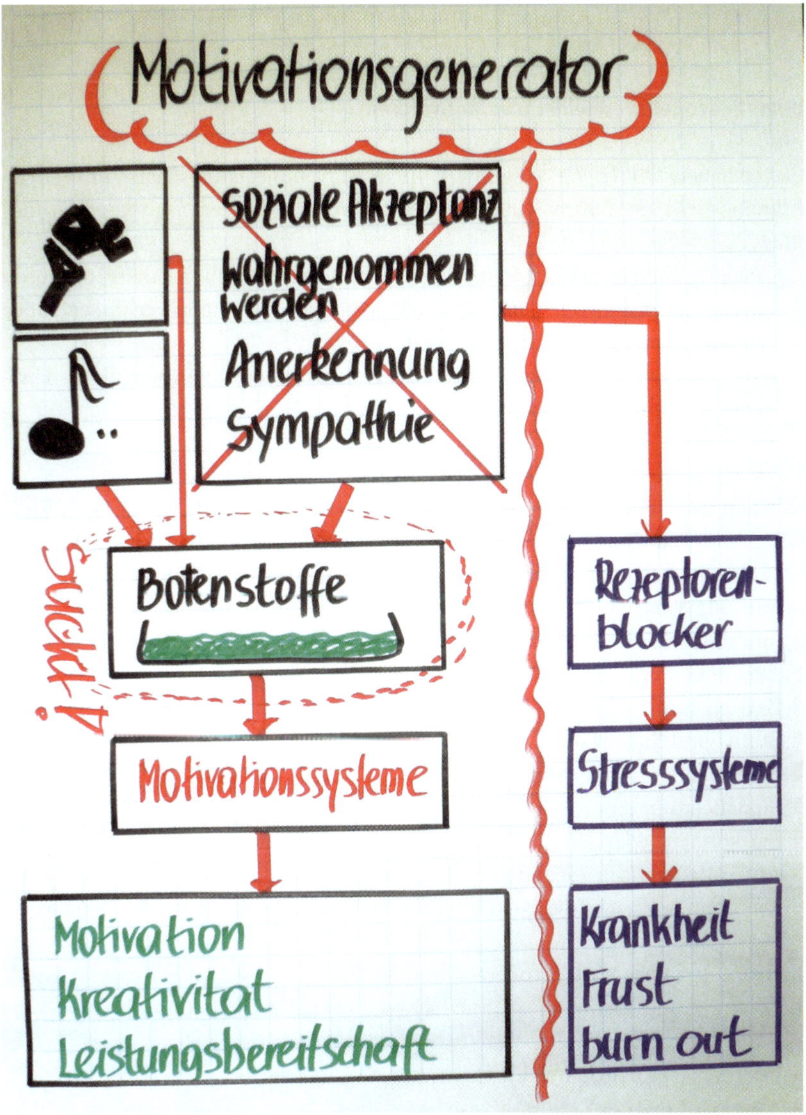

Die Motivationssysteme anstarten

Nichts motiviert mehr als der Erfolg!

Unzufriedenheitsvermeider und Motivatoren

„Jetzt haben wir frisch ausgemalt, neue Büromöbel angeschafft und sogar Flachbildschirme haben wir uns geleistet. Aber motiviert ist trotzdem niemand."

Welche Führungskraft kennt das nicht. Unter größten Anstrengungen werden sogar in schwierigen Zeiten die Arbeitsbedingungen verbessert, aber die Freude darüber hält nicht lange an.

Mit Frederik **Herzbergs Zweifaktoren-Modell** können wir dieses Phänomen einleuchtend erklären.

Faktorengruppe: **Unzufriedenheitsvermeider**
Werden diese Faktoren im Betrieb, in der Institution erfüllt, dürfen sich Führungskräfte davon keinen Motivationsschub erwarten. Es wird lediglich Unzufriedenheit der Mitarbeiter vermieden. Werden die Faktoren nicht erfüllt, führt das zu Unzufriedenheit.

- innerbetriebliche Organisation
- Arbeitsbedingungen
- Betriebsklima
- Status und Sicherheit
- regelmäßige Lohnerhöhungen
- Sozialleistungen
- Sie können jeden dieser Punkte so lesen: Gibt es betriebliche Zuschüsse zum Mittagstisch (Sozialleistung), ist deshalb kein Mitarbeiter motiviert. Werden die Zuschüsse gestrichen, führt das zu großer Unzufriedenheit.

Faktorengruppe: **Motivatoren**

- Leistung und Erfolg
- Stolz auf die eigene Arbeit
- berufliches/inhaltliches Fortkommen
- Anerkennung der Leistung
- größere Verantwortung
- herausfordernde Ziele
- Sinn in der Tätigkeit

Ein erheblicher Teil der Motivation kommt aus der Tätigkeit selbst. Aber auch Sie als Führungskraft sind gefordert: Ziele vereinbaren im Mitarbeitergespräch, größere Verantwortung übertragen, Mitarbeiter entwickeln, Leistung wahrnehmen und auch anerkennen – das sind Führungsaufgaben der unmittelbar Vorgesetzen.

Als **Führungskraft** haben Sie also eine **doppelte Aufgabe**:

- Ermöglichen Sie es Ihren Mitarbeitern, in der Arbeit selbst Befriedigung zu finden und
- sorgen Sie für betriebliche Verhältnisse, die den Mitarbeitern keinen Anlass zur Unzufriedenheit geben.

Zum Weiterlesen:
Walter Simon, Führung und Zusammenarbeit

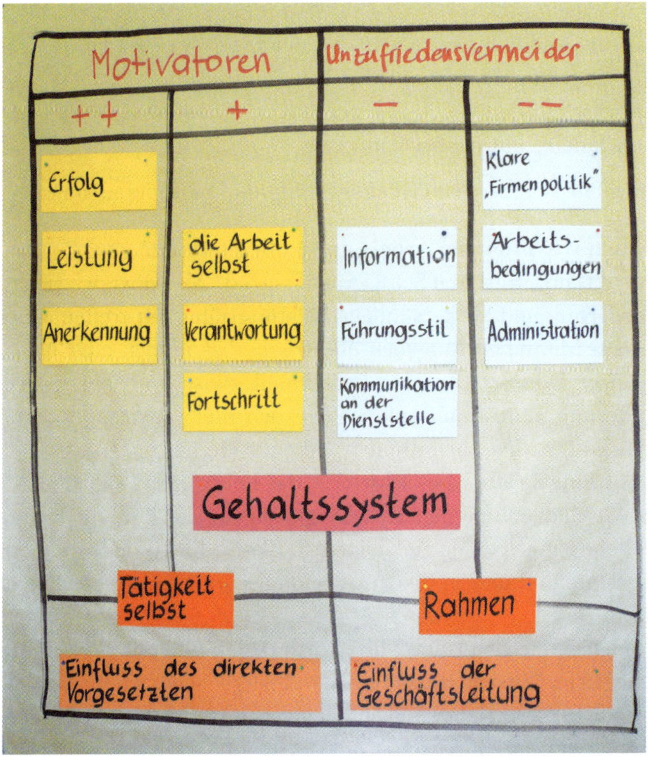

Wer nur nicht unzufrieden ist, ist noch lange nicht motiviert!

In einer Aufgabe aufgehen

Das Flow-Modell

Sicher haben Sie schon einem kleinen Kind dabei zugeschaut, wie es Baustein auf Baustein legt, um einen hohen Turm zu bauen. Um selbstverständlich von Neuem zu beginnen, wenn der Turm umfällt. Kinder gehen dabei so in einer Sache auf, dass sie alles um sie herum zu vergessen scheinen. So eine Aktivität nennt der Autor mit dem unaussprechlichen Namen (Csikszentmihalyi) ein „Flow-Erlebnis“.

Welche **Zutaten** führen zum Flow?

- Ich weiß, was der richtige nächste Schritt ist.
- Trotz hoher Anforderung habe ich das Gefühl, das Geschehen unter Kontrolle zu haben.
- Die Schritte laufen flüssig wie nach einer inneren Logik ab.
- Die Konzentration kommt aus der Tätigkeit selbst.
- Ich vergesse die Zeit.
- Ich verschmelze mit meiner Tätigkeit.

Solche Erlebnisse erzeugen **Glücksgefühle** und motivieren stark.

Wie können wir Flow für Arbeit und Leben nützen?
Flow entsteht im „mittleren Schwierigkeitsgrad“, also dort, wo sich der Grad der Anforderung und die persönliche Leistungsfähigkeit treffen. Oder umgekehrt: Wenn Menschen Aufgaben übertragen bekommen oder übernehmen, die von ihrer Schwierigkeit her individuell zwischen Überforderung und Unterforderung angesiedelt sind. „Wenn ich mich anstrenge, dann schaffe ich's!“, das ist für Menschen **die** motivierende Herausforderung.

Für Führungskräfte ist es schwierig, das Leistungsniveau der Mitarbeiter genau einzuschätzen und den Schwierigkeitsgrad der jeweiligen Aufgabe für die betroffene Einzelperson zu beurteilen. Binden Sie deshalb die Betroffen in Ihre Überlegungen und in die Entscheidung ein. Machen Sie Betroffene zu Beteiligten.

Wann haben Sie sich zuletzt **überfordert** gefühlt? Dieses Gefühl vergisst man nicht leicht! Unsicherheit, Stress und Angst schütten im Gehirn Botenstoffe aus, die unsere Handlungsfähigkeit noch weiter einschränken, zu Fehlern und Frustration führen.

Dauert die Überforderung länger an, werden Menschen **krank**. Und bekanntlich sind Mitarbeiter Menschen.

Wer Unterforderung als gemütlichen Zustand interpretiert, irrt. **Unterforderung** führt zu den gleichen Folgen wie Überforderung. Langeweile, Frust und Unzufriedenheit werden oft mit Flucht aus dem Arbeitsfeld beantwortet: Flucht ins Private, Flucht in den Sport oder in den PEB (Pensionserwartungsbunker).

So nehmen Sie Ihre Zukunft selbst in die Hand

Suchen Sie sich immer wieder Ziele, die Sie bei Anstrengung erreichen können. Nichts motiviert mehr, als der Erfolg. Warum sollte das nur für Sportler gelten?

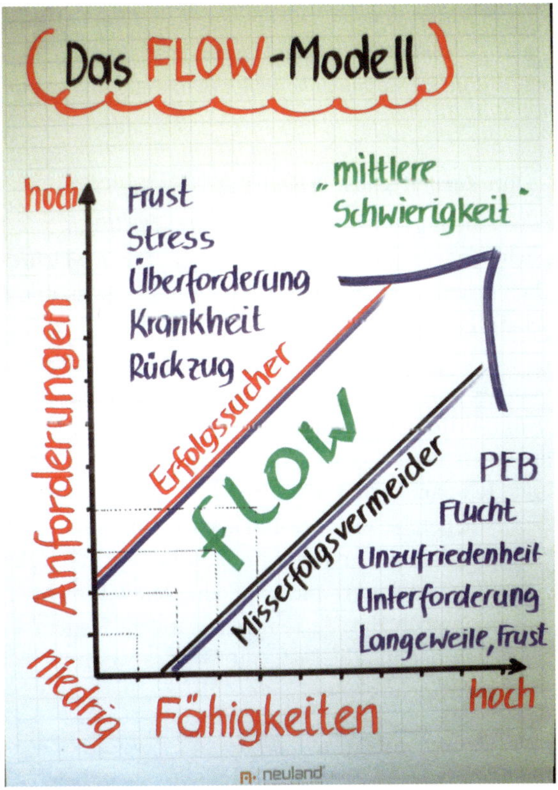

In der Tätigkeit aufgehen

Muss ich? Darf ich? Will ich?

Ich kann, weil ich will, was ich muss.

Von klein auf lernt der Mensch, „was sich gehört", was Eltern, Familie und andere „Mächte" von ihm erwarten. Diese Botschaften sind manchmal ausgesprochen, meist aber in einem „geheimen Lehrplan" verpackt. Es ist halt so.

Kennen Sie das:

„Wir streiten nicht", „Fall nicht auf!", „Der Klügere gibt nach!", „Was werden denn die Nachbarn von uns halten?", „Erst die Arbeit, dann das Spiel!", „Ein Mädchen tut so etwas nicht!", „Ein Indianer kennt keinen Schmerz!"

Diese ausgesprochenen oder unausgesprochenen **Verhaltensvorschriften** (Normen) geben einerseits Orientierung und erleichtern somit auch das Leben, anderseits können sie Sie in Ihrer Entwicklung auch hemmen und einschränken.

So nehmen Sie Ihre Zukunft selbst in die Hand

- Reißen Sie aus einem größeren farbigen Blatt eine Figur.
- Setzen Sie sich bequem hin und denken Sie nach, nach welchen Normen Sie sich eigentlich orientieren. Schreiben jetzt fünf Sätze zu den Bereichen
  - Partnerschaft/Familie
  - Arbeit
  - Situationen, die gegenwärtig besonders wichtig sind,

  an den Außenrand Ihrer Umrissfigur. Das symbolisiert gleichsam die äußeren Begrenzungen der Möglichkeiten. Beginnen Sie die Sätze mit: „Ich muss …" und „Ich darf nicht …"
- Welche dieser Normen bejahen Sie nun auch wirklich selbst? Schreiben Sie nun diese Sätze ins Innere der Figur und machen sie aus „Ich muss …" ein „Ich will …" und aus „Ich darf nicht …" ein „Ich will nicht …!"
- Jetzt verändern Sie noch Ihre Außengrenze, indem Sie jene begrenzenden Normen, bei denen das möglich ist, mit Genuss wegreißen. Und ab jetzt lassen Sie sich nicht mehr einengen.

Wenn aus „Ich darf in der Arbeit keine Rückstände haben!" ein „Ich will in der Arbeit keine Rückstände haben!" wird, so fühlt sich das spürbar kräftiger an.

Wenn Sie „Ich darf meinen Ärger nicht zeigen!" wegreißen können und sich ab jetzt erlauben, Ihren Ärger zu zeigen, wird das sehr zu Ihrem Wohlbefinden und Erfolg beitragen.

Birgit Dechmann/Christiane Ryffel, Soziologie im Alltag: Eine Einführung

Normen als Schutz und Begrenzung

Nicht geschimpft ist gelobt genug!

Muss mir wer sagen, wie gut ich bin? (Metaprogrammreferenz)

Menschen erwerben durch ihr Aufwachsen Handlungsmuster, übergeordnete handlungsleitende Programme, die ohne Reflexion aus dem Unbewussten heraus sehr wirksam sind.

Innere Referenz

Für Menschen mit innerer Referenz könnte die Überschrift möglicherweise zutreffen. Sie verlassen sich auf eigene Wertungen, Einschätzungen und Meinungen. Sie gelangen in der Regel schnell und autonom zu Entscheidungen. Sie wählen ihre eigene Richtung. Sie haben ein sicheres Gefühl dafür, was richtig ist, dass sie gute Arbeit geleistet haben. Dafür haben sie auch Kriterien. Diese Personen brauchen Lob weniger als andere und es fällt ihnen schwer, Rückmeldungen und Kritik anzunehmen.

Diese Personen hören gerne Wendungen wie: „Nur Sie können entscheiden!“, „Das hängt ganz von Ihnen ab!“, „Das können Sie selbst am besten beurteilen!“

Äußere Referenz

Menschen mit äußerer Referenz verlassen sich eher auf die Meinungen und Bewertungen von anderen. Den Betreffenden fällt es schwer, sich selbst einzuschätzen. Sie sind sehr zugänglich für Rückmeldungen und freuen sich über Lob und brauchen Anerkennung. Personen aus dieser Gruppe motiviert die Anerkennung von Kollegen, die fehlerfreien Ergebnisse von Prüfberichten und das Lob von Vorgesetzen.

So nehmen Sie Ihre Zukunft selbst in die Hand

Zuerst ist Reflexionsarbeit vonnöten: Was für ein Referenztyp bin ich? Welche Referenztypen sind in meiner Mitwelt?

Unter welchem Fokus schauen Sie sich die nachstehende Matrix an: als Gebender (Vorgesetzter) oder Empfangender (Mitarbeiter)? Als Vorgesetzter müssen Sie das Lob bewusst abgestuft einsetzen.

Als außenreferenzieller Mitarbeiter sollten Sie von einem innenreferenziellen Chef nicht allzu viel erwarten und sich unabhängiger machen.

Als innenreferenzieller Chef tun Sie gut daran, systematisch und professionell eine Lobkultur aufzubauen. Es geht nicht um Sie, sondern um das Anerkennungsbedürfnis Ihrer Mitwelt.

Könnte das auch im Privatleben gültig sein?

Zum Weiterlesen:
Stephan Landsiedel, NLP-Metaprogramme

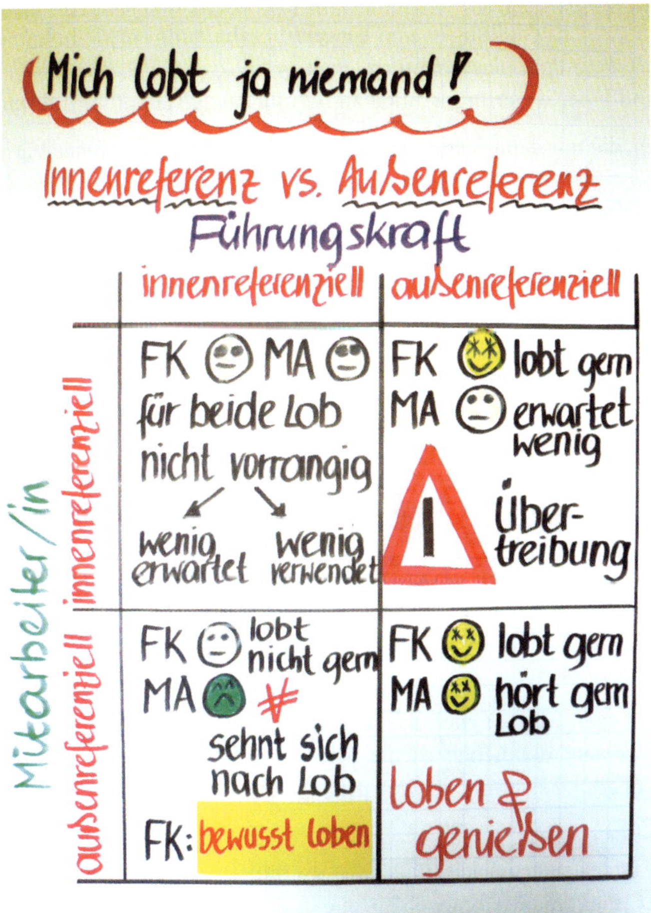

Die Lobkultur bewusst pflegen

Von gesund bis ausgebrannt

Die vier Muster von Erleben und Verhalten am Arbeitsplatz

Gesundheit und Zufriedenheit im Beruf sind von zwei Seiten gefährdet:

- von der **Belastung** und unserer Belastbarkeit in Stresssituationen. Stress kann sich in unterschiedlichsten Reaktionen von Furcht über Ärger bis hin zu Müdigkeit, Hilflosigkeit und Niedergeschlagenheit äußern.
- von unseren Einstellungen und **Erwartungshaltungen**. Zu hohe persönliche Erwartungen, das Nichterreichen gesteckter Ziele, ständige Frustration und Überforderung können zu beruflicher Erschöpfung führen.

Personen, die mit dem Testinstrument AVEM (Arbeitsbezogenes Verhaltens- und Erlebensmuster) befragt werden, lassen sich einem der folgenden **vier Muster** zuordnen:

- **Typ G („gesund")** zeigt berufliches Engagement und Verausgabungsbereitschaft, bewahrt aufgrund ausreichender Distanzierungsfähigkeit jedoch seine Erholungsfähigkeit; legt Wert auf Kollegialität und Zusammenarbeit, erlebt beruflichen Erfolg.
- **Typ A („angespannt")** zeigt hohes Engagement und überdurchschnittliche Verausgabungsbereitschaft, oft verbunden mit perfektionistischen Einstellungen, hat Erholungsfähigkeit teilweise eingebüßt. Neigung zum Einzelkämpfertum. Reagiert auf Probleme mit noch höherem Einsatz.
- **Typ B („burnout")** hat bei fortgesetzter Verausgabung den Zustand körperlicher und emotionaler Erschöpfung erreicht, ist resigniert und die Leistung ist stark gesunken. Kann kollegiale Unterstützung nicht annehmen.
- **Typ S („Schonhaltung")** fürchtet beruflichen Verschleiß und grenzt sich ab. Versieht den Dienst korrekt, zeigt aber keine darüber hinausgehende Einsatzbereitschaft.

Die vier Typen werden auch darin sichtbar, wie sie zur Arbeit hinein gehen und wie sie nach der Arbeit wieder heraus kommen.

Wo sehen Sie sich und wo Ihre Kollegen?

Zum Weiterlesen:
Joachim Bauer, Warum ich fühle, was du fühlst – Intuitive Kommunikation und das Geheimnis der Spiegelneurone

Freiburger Schulstudie 2004

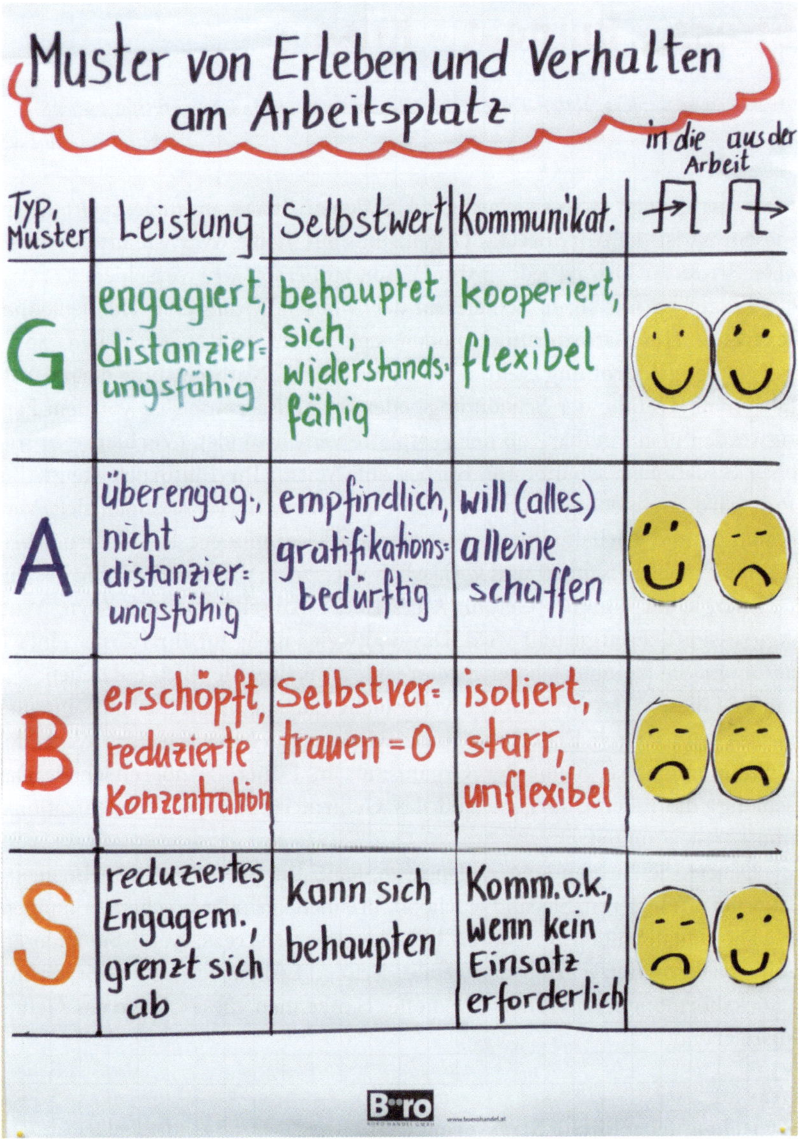

Die vier Typen: in die Arbeit – aus der Arbeit

Stress – Burnout – Krise

„Ein voller Terminkalender ist noch lange kein erfülltes Leben."
Kurt Tucholsky

Stress ist normal. Stress sichert das Überleben. Stress produziert pure Energie. Stress ist die Antwort des Organismus auf Reize. Was wie intensiv welchen Stress auslöst, ist jedoch von Person zu Person sehr verschieden.

Sie stehen mit Ihren Schiern an der Mausefalle auf dem Hahnenkamm (**extreme Herausforderung**), finden sich einem wild gewordenen Köter gegenüber (**Bedrohung**), entkommen nur durch Notbremsung einem Auffahrunfall (**Gefahr** der Schädigung) oder Ihre Dissertation ist vor dem Fertigwerden unauffindbar von der Festplatte verschwunden (**Verlust**) – in solchen Situationen schaltet Ihr Körper auf Alarm. Ihr Blutdruck steigt, Ihr Puls wird beschleunigt, Schweiß bricht aus, Muskeln (ver)spannen sich, Verdauungs- und Sexualfunktionen werden stark vermindert, Ihr Gehirn arbeitet nicht mehr so schnell und verlässlich wie sonst. Warum? Weil die gesamte Energie für **Flucht** (Gefühl: Angst) oder **Angriff** (Gefühl: Zorn, Wut, Aggression) bereitgestellt wird. Das und vieles mehr tut Ihr Körper einfach autonom, Sie können sich der Stressreaktion nicht willentlich entziehen.

Jede dieser Alarmreaktionen verbraucht Energie und diese muss in einer ausreichend langen **Erholungsphase** wieder aufgeladen werden. Wenn das nicht möglich ist, bleibt der Organismus in Daueralarmbereitschaft. Das schädigt die inneren Organe und das Gehirn, vermindert Konzentrations- und Lernleistungen.

Dauert die Anspannung zu lange an, kann Ihr Körper nicht mehr genug Abwehr produzieren, Sie sind erschöpft, brennen aus oder brechen zusammen.

Die schädigenden Stressoren bewirken den **Distress**; wenn Sie andererseits positive Reize erleben (Freude, Erfolg, Liebe), wird Ihr Körper mit Glückshormonen überflutet. Ich hoffe, Sie kennen dieses **Eustress**-Gefühl ausreichend.

Was stresst?
Zwischenmenschliche Stressoren:

- widersprüchliche und überhöhte soziale Erwartungen
- widersprüchliche und unterschiedliche Werte und Normen
- Streit, Konflikt

- sexuelle Erwartungen und Wirklichkeit
- fehlende Rückmeldungen, nicht wissen, wie man „dran“ ist
- ungeklärte Verhältnisse und Situationen
- nicht wahrgenommen werden, nicht gemocht werden

Berufliche Stressoren:
- Über- und Unterforderung durch massive oder zu geringe Arbeitsbelastung
- Dauerbelastung und Zeitdruck
- mangelnde Anerkennung und Akzeptanz
- Konflikte und Mobbing
- unklare oder ständig wechselnde Zielvorgaben
- trotz Anstrengung Aufgaben nicht bewältigbar
- widersprüchliche und unklare Erwartungen
- Diskrepanz zwischen gesagten und gelebten Werten

(Universität Innsbruck, Notfallspsychologie nach www.cct-wimmer.at)

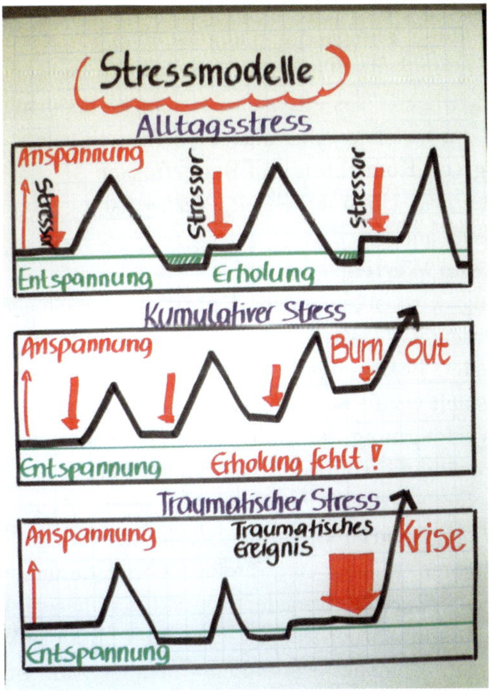

Stress ohne Entspannung schädigt

Ich kann nicht mehr!

Der Burnout-Zyklus

Burnout hat man nicht – und schon gar nicht von heute auf morgen. Burnout ist eine schleichende Entwicklung, die allerdings in beinahe gesetzmäßiger Stufenfolge in den gesundheitlichen Abgrund führt.

Die zwölf Stadien des Burnout-Syndroms nach Freudenberger:

1: Der Zwang, sich zu beweisen
Interesse, Tatendrang, Leistungsstreben schlagen um in Leistungszwang, wegen zu hoher Erwartungen an sich selbst.

2: Verstärkter Einsatz
Gefühl, alles selber machen zu müssen; Delegieren wird als umständlich und zeitaufwändig erlebt.

3: Vernachlässigung eigener Bedürfnisse
Wunsch nach Ruhe, Entspannung, angenehmen Sozialkontakten etc. tritt in den Hintergrund, das Gefühl, diese Bedürfnisse gar nicht mehr zu haben, wird deutlicher, dies gilt auch für sexuelle Bedürfnisse; nicht selten Alkohol-, Nikotin-, Kaffee-, aber auch Schlafmittelgenuss.

4: Verdrängung von Konflikten und Bedürfnissen
Fehlleistungen wie Unpünktlichkeit, Verwechslung von Terminen und Ähnliches treten auf.

5: Umdeutung von Werten
Wahrnehmung wird abgestumpft, Prioritäten verschieben sich, soziale Kontakte werden als belastend erlebt, wichtige Ziele im Leben entwertet und umgewertet. Beziehungs-Burnout in Partnerschaft; die Umdeutung von Werten spielt auch eine große Rolle im Umgang mit Klienten.

6: Verstärkte Verleugnung der aufgetretenen Probleme
folgt aus Verdrängung von Konflikten und Bedürfnissen, was zum weiteren Funktionieren jedoch nötig ist. Abkapseln, Zynismus, aggressive Abwertung, Ungeduld und Intoleranz kennzeichnen dieses Stadium. Klienten, Patienten, Kunden etc. werden als böse, dumm, fordernd, uneinsichtig, undiszipliniert erlebt, jeder Kontakt als unerträglich; erste Leistungseinbußen und körperliche Beschwerden; Ratlosigkeit, mangelnde Hilfsbereitschaft, fehlendes Einfühlungsvermögen im Umgang mit den unvermeidlichen anderen Menschen.

7: Rückzug

Soziales Netz wird als feindlich, fordernd, überfordernd erlebt. Orientierungs- und Hoffnungslosigkeit sowie Entfremdung prägen das Bild. Alkohol, Medikamente, Drogen, Essen, Sexualität und anderes treten als Ersatzbefriedigung in den Vordergrund. Der Mensch fühlt sich eingeengt und wirkt automatisiert.

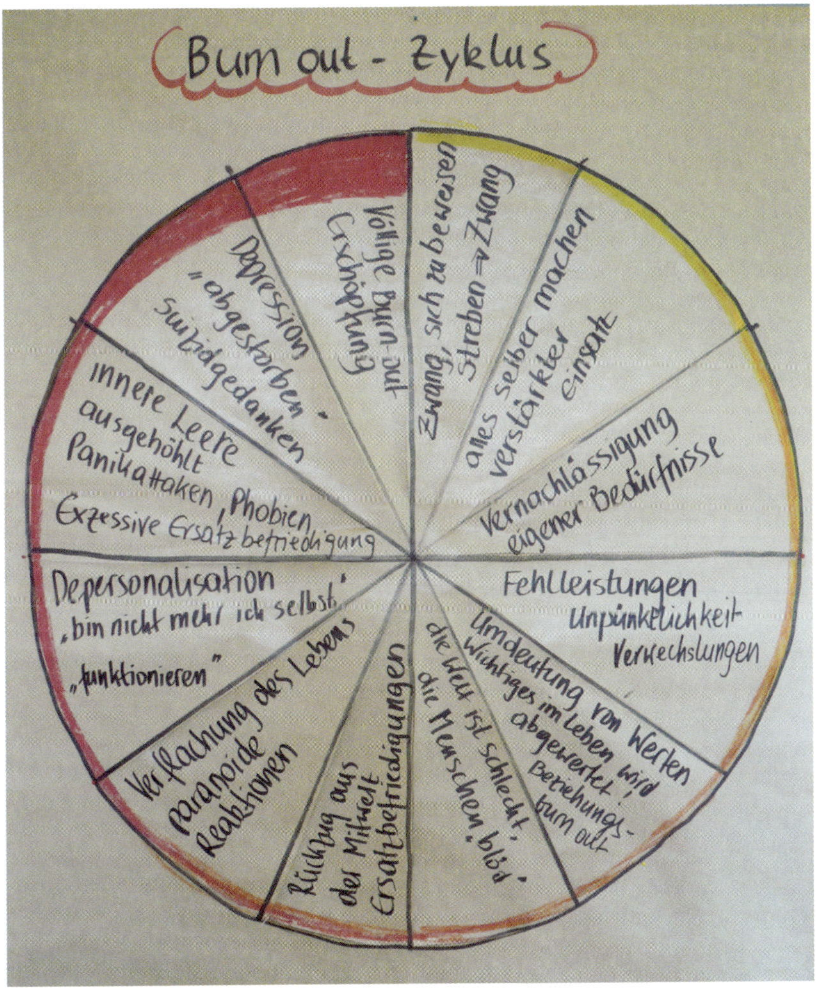

Finden Sie sich in diesem Zyklus wieder?

8. **Verhaltensänderung**
   Rückzug nimmt weiter zu, indem Aufmerksamkeit und Zuwendung der Umwelt als Angriffe verstanden werden, paranoide Reaktionen sind möglich.

9: **Verlust des Gefühls für die eigene Persönlichkeit**
   Gefühl, nicht mehr man selbst zu sein, sondern nur mehr automatisch zu funktionieren

10: **Innere Leere**
   Man fühlt sich ausgehöhlt, ausgezehrt, mutlos und leer, erlebt gelegentlich Panikattacken und phobische Zustände, fürchtet sich vor Menschen und Menschenansammlungen. Exzessive Ersatzbefriedigungen werden bisweilen beobachtet.

11: **Depression**
   beherrscht das Bild. Verzweiflung, Erschöpfung, Herabgestimmtheit. Innere schmerzhafte Gefühle wechseln mit Abgestorbensein, Suizidgedanken treten spätestens jetzt auf.

12: **Völlige Burnout-Erschöpfung**
   Geistige, körperliche und emotionale Erschöpfung, besondere Infektanfälligkeit, Gefahr von Herz-, Kreislauf- oder Magen-Darmerkrankungen stehen im Vordergrund.

(Freudenberger & North nach www.cct-wimmer.at)

Gegenmaßnahmen, die den jeweiligen Stadien entsprechen:

Ad 1: Umschlagspunkt von Leistungsstreben zu Leistungszwang erkennen, individuelles Tempo finden und beides aufeinander abstimmen

Ad 2: Delegieren – auch wenn es schwer fällt (Achtung bei Angst vor Konkurrenz)

Ad 3: Achten auf vernachlässigte Bedürfnisse: Vergnügen, Ausspannen, Hobbys, Bewegung u.ä. Familiäre Beziehungen wahrnehmen (wieder ins Blickfeld rücken!) und pflegen

Ad 4: eigenen Anteil an Fehlleistungen erkennen, Hinweischarakter ernst nehmen

Ad 5: Grundwerte überprüfen, Kontakte und Freundschaften reaktivieren

Ad 6: ab jetzt unbedingt professionelle Hilfe in Anspruch nehmen; Verdrängen ist zwar lebenswichtig als Schutz (Abkapseln von Umwelt, Zynismus; überbrückt jedoch nur kurzfristig. Auf gesundes Leben (Schlaf, Bewegung, Entspannung, Essen, kein oder wenig Alkohol …) ist gezielt und geplant zu achten.

Ad 9: Falls erst jetzt professionelle Hilfe in Anspruch genommen wird, wird wahrscheinlich ein längerer Abstand von Alltagsverpflichtungen unumgänglich sein (Urlaub, Krankenstand).

Ad 11: Suizidprävention (Das Herstellen von Beziehung ist im Zuge der bisherigen Entwicklung sehr schwierig geworden!)

Ad 12: Notfallmaßnahmen/Krisenintervention

(Sonneck, Das Burnout-Syndrom als Entwicklung zur Krise, nach www.cct-wimmer.at)

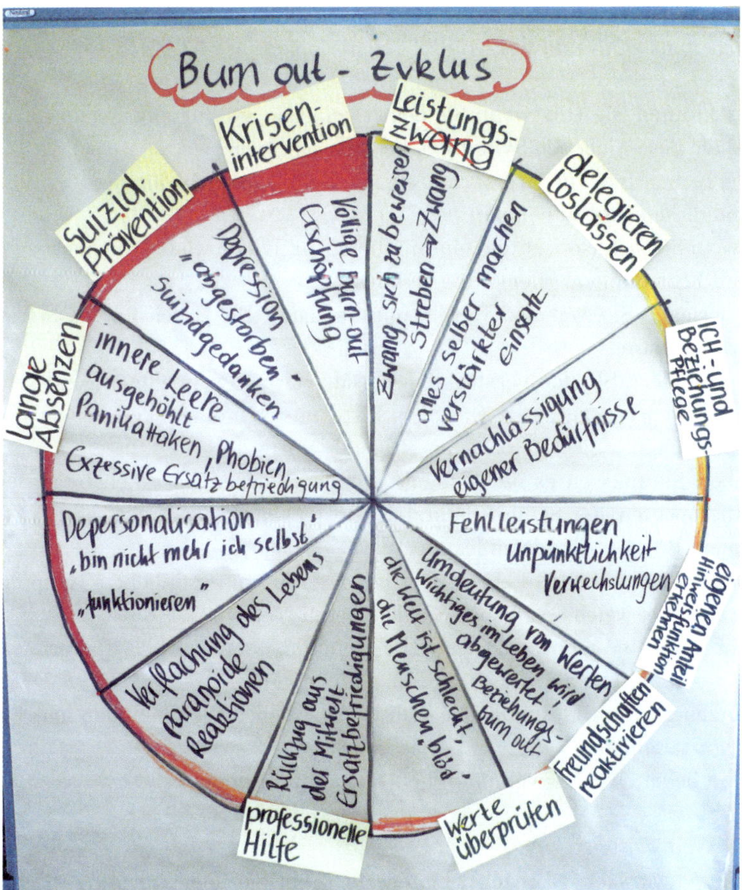

Gegensteuern mit System

Stress am Arbeitsplatz und was Sie dagegen tun können

Führungskräfte:

- Arbeitsbelastung reduzieren
- Wahl- und Kontrollmöglichkeiten einbauen, Entscheidungsräume zulassen
- Anerkennung und Belohnung schaffen und geben
- Gemeinschaftssinn fördern
- Auf Fairness, Respekt und Gerechtigkeit achten
- Arbeit als sinn- und wertvoll schätzen

Was können Sie tun, wenn Sie bemerken, dass Sie Burnout-gefährdet sind oder die beschriebenen Symptome bei sich erkennen?

- Versuchen Sie, zuallererst auf eigene Gefühle und Bedürfnisse zu hören und diese ernst zu nehmen.
- Wenn Sie sich isoliert und einsam fühlen, aktivieren Sie vermehrt Freunde und Beziehungen, pflegen Sie Hobbys.
- Überlegen Sie, was anders sein müsste, damit Ihr Leben für Sie befriedigender wäre.
  Vermindern Sie den verstärkten Einsatz (Druck wegnehmen) und versuchen Sie herauszufinden, was Sie selbst von sich und was andere von Ihnen erwarten.
- Aber: Sie müssen es nicht alleine schaffen. Suchen Sie einen Coach oder Therapeuten, der Sie unterstützt. Spätestens dann, wenn Sie schon tief in einem Burnout-Syndrom feststecken.
- Bestehen Sie in allen Lebensbereichen auf Ihrem persönlichen Tempo und prüfen Sie, welche Aufgaben Sie delegieren können.
- Vergessen Sie nicht, dass das tolle Gefühl, besser und belastbarer als die anderen zu sein, auf Dauer auf Ihre Kosten geht.
- Setzen Sie Ihre Gesundheit und Ihr körperliches Wohlbefinden auf Ihrer Prioritätenliste wieder weiter nach oben.
- Und behalten Sie – wenn möglich – Sinn für Humor.

Zum Weiterlesen:
Christina Maslach/Michael P. Leiter, Die Wahrheit über Burnout. Stress am Arbeitsplatz und was Sie dagegen tun können

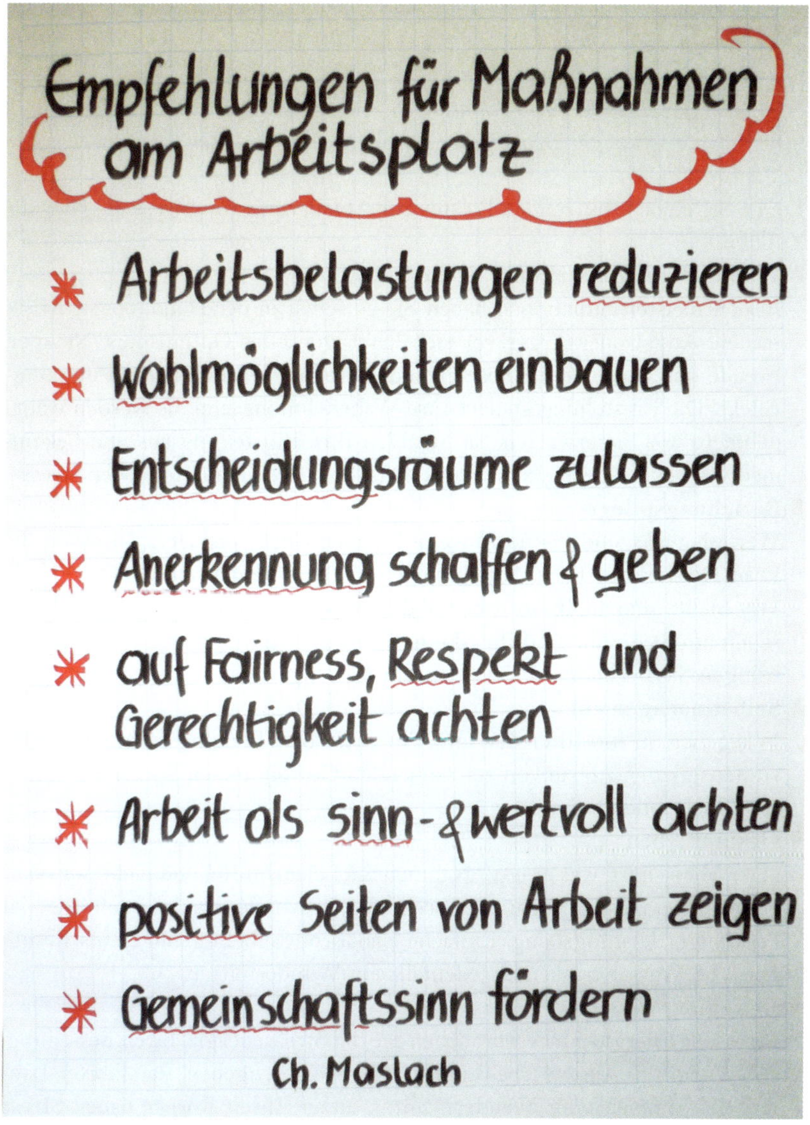

Ressourcen am Arbeitsplatz

Stress-Polster

„Du bist für Dich selbst verantwortlich und nur Du selbst kannst etwas für Dein eigenes, inneres Wohlbefinden tun."

Legen Sie einen schützenden Polster zur Abfederung von Stress an! Hier die Zutaten:

- **Wähle Deine Einstellung! (siehe S. 160)**
  In den meisten Situationen haben Sie es selbst in der Hand, ob Sie Misstrauen, Angst oder Ärger vor sich hertragen oder Optimismus, Neugier, Freude und Zuversicht. Diese Grundeinstellung wirkt wie ein Pingpong-Effekt. Die Einstellung steuert Ihre Wahrnehmung und Sie werden wahrnehmen, was Sie erwarten. Sie strahlen Ihre Einstellung aus und bekommen sie vielfach gespiegelt zurück. Das kann Freude machen oder Stress.
- **Beziehungspflege**
  Wer oder was sind Sie noch, wenn Sie nicht mehr der Herr Direktor, die Frau Doktor, der Herr Abteilungsleiter, „Herr und Frau Wichtig" sind? Was bleibt, sind die Interessen und die Kinder, die Freunde, die lieben Menschen um Sie herum und Ihr Mann, Ihre Frau. Kümmern Sie sich um sie – bringen Sie Beruf und Privatleben ins Gleichgewicht.
- **Selbstmanagement**
  Wie gehen Sie mit Ihrer Zeit um? Für Zielarbeit, Planungstechniken, Prioritätensetzung, Abbau von zeitraubenden Gewohnheiten finden Sie in diesem Buch tolle Tools.
- **Gesund leben**
  „Der Mensch ist, was er isst!" Nehmen Sie Lebensmittel und nicht nur Nahrungsmittel zu sich. Wenn Sie Ihrem Körper Minderwertiges zuführen, ist er weniger leistungsfähig. Einfache Ernährungsfibeln genügen als Ratgeber. Viel Wasser trinken ist jedenfalls ein Wundermittel.
- **Bewegung**
  Stress ist Energie pur. Verbrauchen Sie die Stressenergie durch Bewegung. Jede Form von Ausdauerbewegung, z. B. Spazierengehen, Rad fahren, Laufen, Schwimmen oder Wandern unterstützen Ihren Körper dabei, Stress abzubauen.

Anspannung braucht Entspannung
Im Leistungssport ist schon längst unverzichtbar, was im Arbeitsleben oft noch verlacht wird: Meditation, Yoga, autogenes Training, progressive Muskelentspannung (Jacobson) oder einfach durchatmen, die Schultern fallen lassen, sich selbst mit beiden Händen das Gesicht massieren oder sich Sauna und Massage gönnen.

So nehmen Sie Ihre Zukunft selbst in die Hand

„Der Worte sind genug gewechselt, lasst mich auch endlich Taten sehen."
(Faust, Goethe)

Zum Weiterlesen:
Marc Stollreiter/Johannes Völgyfy/Thomas Jencius, Stress-Management

Ich bin für mich selbst verantwortlich!

Spannung – Entspannung

Die progressive Muskelentspannung nach Edmund Jacobson

Diese Entspannungstechnik ist leicht zu erlernen, benötigt wenig Zeit, bringt schnell Erfolge und Sie brauchen dazu weder Sportkleidung noch Turnsaal. Die progressive Muskelentspannung ist deshalb besonders geeignet für aktive Menschen, die ständig Herausforderungen ausgesetzt sind.

Ein paar Minuten im Büro, Wartezeiten im Auto, in der Mittagspause oder ausführlicher zu Hause in gemütlicher Atmosphäre – Sie können sich gedanklich selbst anleiten oder sich über eine angenehme Stimme von einer CD anleiten lassen. Wer will und Zeit hat, kann auch intensiver in eine Gruppe einsteigen.

Was ist die Idee dahinter und wie funktioniert es?
Durch körperliche Entspannung kann seelische Entspannung erreicht werden. Deshalb werden bewusst und gezielt verschiedene Muskelgruppen in allen Körperregionen nacheinander sieben bis zehn Sekunden angespannt, danach wird die Spannung schlagartig gelöst. Den Entspannungszustand sollten Sie mindestens doppelt so lang genießen.

Lassen Sie sich nicht von Brillen oder zu engen Kleidungsstücken einengen und atmen Sie gleichmäßig.

Sie können die Übungen sitzend oder liegend, mit offenen oder geschlossenen Augen durchführen – immer gilt: Je ungestörter und lockerer Sie sich fühlen, desto besser ist die Wirkung.

So nehmen Sie Ihre Zukunft selbst in die Hand

Arbeiten Sie nacheinander rechte Hand, rechten Unterarm, rechten Oberarm, linke Hand, linken Unterarm, linken Oberarm, Stirn, Augenpartie, Nase, Kiefer/Mundpartie, Gesicht, Nacken, Schultern, Rücken, Bauch, Beckenboden/Gesäß, rechten Fuß, rechten Unterschenkel, rechten Oberschenkel, linken Fuß, linken Unterschenkel, linken Oberschenkel durch.

Wer nur Zeit für das Gesicht oder die Arme oder den Rumpf hat, tut sich auch schon etwas Gutes.

Schon bei etwas Regelmäßigkeit werden Sie die Wirkung spüren:
„Setzen Sie sich bitte bequem hin und atmen Sie gleichmäßig. Konzentrieren Sie sich mit Ihren Gedanken jetzt auf Ihre rechte Hand. Ballen Sie die rechte Hand nun ganz fest zur Faust und halten sie diese Spannung (für sieben bis zehn Sekunden). Lösen Sie die Spannung jetzt explosiv und genießen Sie den leichten Zustand in der Hand.

Jetzt konzentrieren Sie sich …
(Setzen Sie selbst fort!)

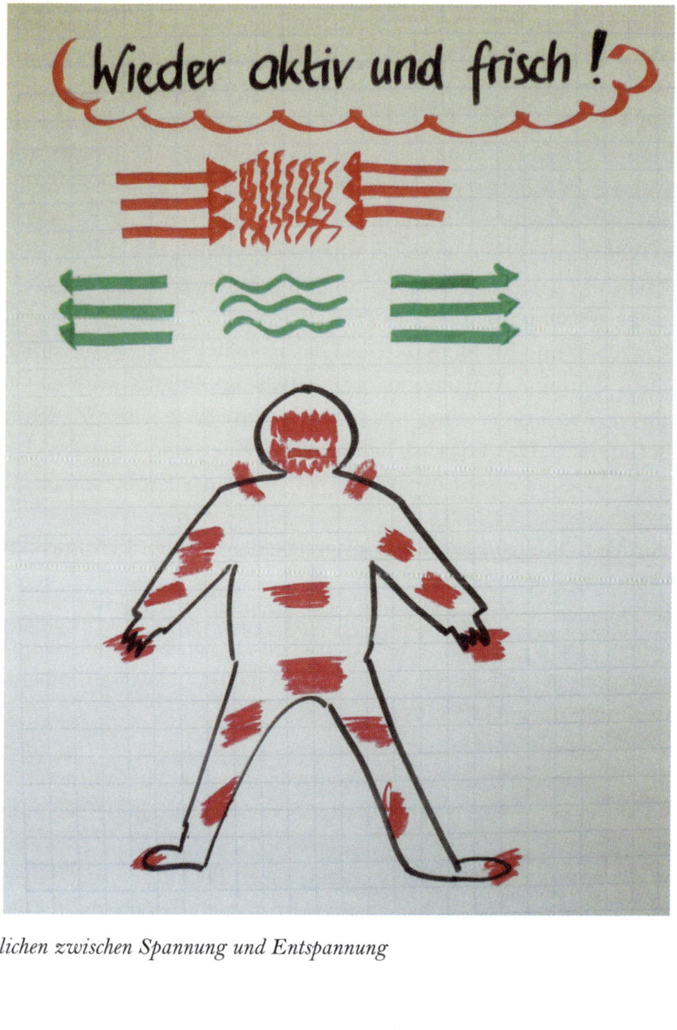

Ausgeglichen zwischen Spannung und Entspannung

Wähle deine Einstellung!

Denn: Einstellungen wirken.

Wir alle tragen eine **Brille**, durch die wir in die Welt blicken: entweder eine freundliche (gelbe oder rosarote) Brille oder eine düstere graue. Und was entscheidend ist: Wir können weitgehend **selbst entscheiden**, welche Brille wir tragen.

Es gibt einschneidende Ereignisse im Leben, da ist Betroffenheit, Sorge oder Trauer angebracht. Aber in vielen Alltagssituationen liegt es an uns, ob wir Misstrauen, Angst und Ärger vor uns hertragen oder Neugier, Zuversicht und Freude. Unsere Grundeinstellung wirkt dabei wie ein Pingpong-Effekt. Die Einstellung steuert unsere Wahrnehmung, wir nehmen wahr, was wir erwarten. Wir bekommen also die eigene Einstellung mehrfach gespiegelt nach dem Muster „Wie du in den Wald rufst, so hallt es zurück!“ Die eigene Grundeinstellung wird bei allen Begegnungen sichtbar, durch den Gesichtsausdruck, in der Körperhaltung und in der Sprache.

So sagt jemand mit der düsteren Brille Sätze wie: „Wir haben viele Schwierigkeiten und Probleme“, „Das Glas ist halb leer“, „Fehler sind Makel“, „schlechtes Wetter“, „Warum nur?“, „Positives ist Zufall“ usw.

Während der Träger einer hellen Brille sagt: „Wir haben Ziele und Herausforderungen“, „Das Glas ist halb voll“, „Fehler sind Chancen“, „richtige Kleidung“, „Wie gehen wir es an?“, „Positives ist das Ergebnis von Anstrengung“ usw.

In der Motivationspsychologie unterscheiden wir den **Erfolgssucher** und den **Misserfolgsvermeider**.

Und Douglas McGregor hat die beiden Brillen als **X-Typ** und **Y-Typ** beschrieben. Der X-Typ sieht den Menschen als von Natur aus bequem und arbeitsscheu, er sei nur durch Zwang zur Arbeit zu bewegen, möchte keine Verantwortung übernehmen usw.

Der Y-Typ sieht Menschen auf der Suche nach interessanter Arbeit, alle möchten ihr angeborenes Potential entwickeln, der Mensch setzt sich für Ziele ein, die er akzeptieren kann, besitzt Selbstdisziplin und übernimmt Verantwortung.

Nun das Entscheidende: Beide Typen haben Recht!

Beide bekommen das, was sie sich zuvor gedacht haben, denn **Gedanken und Einstellungen haben die Tendenz, sich zu verwirklichen**.

Wählen Sie also Ihre Einstellung in Richtung Zuversicht, Herausforderung und Erfolg!

Zum Weiterlesen:
Stephen C. Lundin/Harry Paul/John Christensen, Fish! Ein ungewöhnliches Motivationsbuch

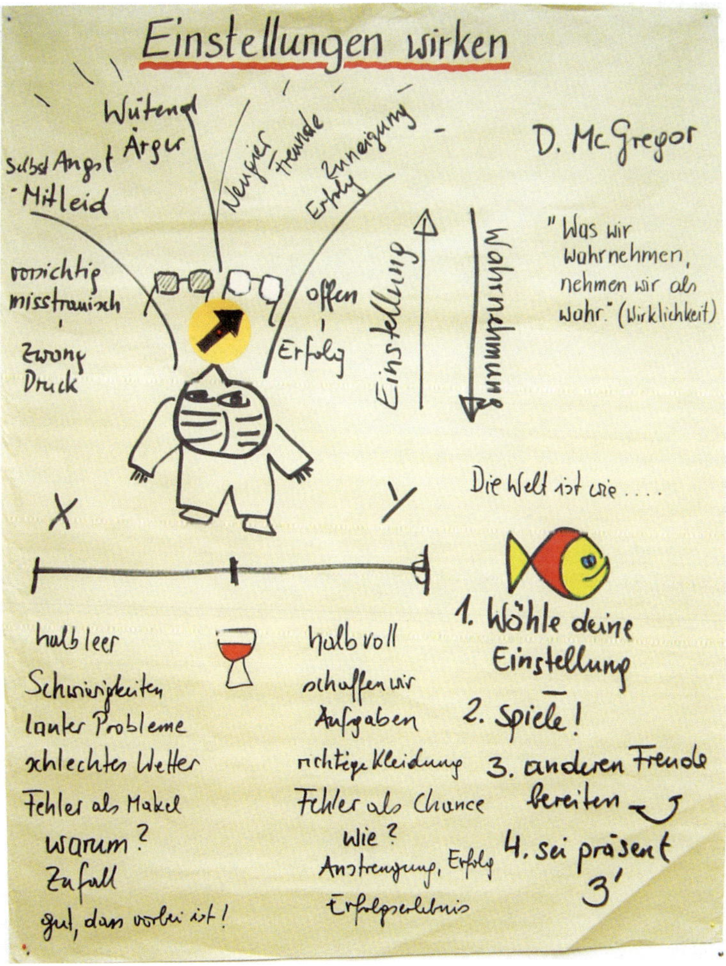

Zwei Arten, in die Welt zu blicken

5. Werkzeuge für den Erfolg

Für die Realisierung der angestrebten, in der Wertebasis abgesicherten Ziele braucht es Werkzeuge. Selbst- und Zeitmanagementtechniken sind Hilfsmittel, um die richtigen Ziele in angemessener Zeit zu erreichen. Werkzeuge können nur so viel, wie der „Meister" aus ihnen herausholt. Und sie wollen richtig eingesetzt sein. Arbeitsorganisation, Planung und Klarheit, Abbau von Störungen und zeitraubenden Gewohnheiten, Lenkung und Leitung oder Prioritätensetzung sind bei jeder Zielarbeit unerlässliche Unterstützung.

Planungstechniken

Es geschieht nichts Gutes, außer man tut es.

Schließen Sie mit sich selbst einen konkreten Vertrag.
Sie haben Ihre Ziele durchdacht, Vorteile und Nachteile abgewogen, Hindernisse weggeräumt, Ressourcen definiert: Jetzt muss etwas geschehen.

Planen Sie die nächsten Schritte.

Ob für die Umsetzung Ihrer persönlichen Ziele oder in Ihrer beruflichen Führungsarbeit: Die Matrix des **Maßnahmenplans** hat sich vielfach bewährt.

Es geht darum, in visualisierter Form verbindlich festzulegen

... **was** (Maßnahmen-Definition)
... **wer** (Personen)
... **wann** (Zeitraum)
... **bis wann** (Termin)
... **mit wem** (Teambildungen)
... **mit welchen Ressourcen** (zeitlich, materiell und personell)
... **wozu** (Zielsetzung) etwas tut und
... **wer wie kontrolliert**,
... wie die **Rückmeldungen** an Sie erfolgen,
... wie das **Team informiert** werden soll.

Wählen Sie jene Fragen für den Maßnahmenplan aus, die zur Zielerreichung wichtig sind.

Der Maßnahmenplan ist der Ertrag und das Kernstück eines Denk-, Diskussions- oder Arbeitsprozesses. Deshalb muss sehr sorgfältig und konkret an den Formulierungen und Festlegungen gearbeitet werden.

Die Festlegungen müssen von mir selbst zu bewältigen und von den eventuell anderen Beteiligten selbst umsetzbar sein. Wünsche an das Christkind haben hier keinen Platz.

Auch dürfen hier keine Aufgaben an Dritte vergeben werden, von denen nicht bekannt ist, ob sie der Aufgabe gewachsen sind.

So nehmen Sie Ihre Zukunft selbst in die Hand

Schaffen Sie für sich selbst ein hohes Maß an Verbindlichkeit, indem Sie strukturiert und schriftlich planen. Verwenden Sie unseren Vorschlag für ein Formblatt oder entwickeln Sie Ihr eigenes.

Zum Weiterlesen:
Josef W. Seifert, Visualisieren. Präsentieren. Moderieren

Planung ist das halbe Leben.

Klarheit in den Erwartungen schaffen

„Wer nicht sagt, was er will, darf sich nicht wundern, wenn er etwas ganz anderes bekommt."

Wir haben folgendes Modell, die **Erwartungsmatrix**, für den Arbeitszusammenhang entwickelt. Aber immer, wenn wir in Führungskräfteseminaren die Wichtigkeit der **Erwartungsklarheit** für Verhalten und Leistung herausstellen, wird sofort der Schluss auf das Privatleben gezogen: Wissen meine Kinder, meine Schwiegereltern, weiß mein Partner/meine Partnerin, wissen die Menschen in meiner Mitwelt genau, was ich von ihnen erwarte, habe ich meine Wünsche und Vorstellungen klar gemacht?

Ganz selten werden Erwartungen klar ausgesprochen und immer wird gehofft, die lieben Mitmenschen könnten die Wünsche von den Augen ablesen. Das tun sie aber nur selten. Oder sie lesen falsch.

Deshalb führen Sie sich auch im Privatleben durch Übertragung dieses Modells zum Erfolg.

Nun zum **Arbeitsumfeld**:
Führungskräfte haben meist eine ganz klare Vorstellung, welches Verhalten und welche Leistungen sie von ihren Mitarbeitern erwarten. Werden die Erwartungen erfüllt, wird das leider zu oft als selbstverständlich gesehen und unerwähnt gelassen. Werden die Erwartungen enttäuscht, ist die Führungskraft gefordert. Jedoch warten viele Führungskräfte viel zu lang mit ihrer Intervention.

Die zentrale Frage ist: Sind dem Mitarbeiter/der Mitarbeiterin meine Erwartungen an ihn/sie überhaupt bekannt?

Aus den Zutaten „Leistung erbracht/nicht erbracht" und „Dem Mitarbeiter ist meine Erwartung an ihn bekannt/nicht bekannt" folgt:

Feld 1: Erwartung bekannt/Leistung erbracht
In dieser sehr zufriedenstellenden Situation müssen Mitarbeiter gehegt und gepflegt werden, Sie sollten unterstützen, wo Sie können und loben. In diesen Personen finden Sie Loyalität und Unterstützung, geben Sie etwas davon zurück. Die unauffällig Tüchtigen finden oft zu wenig Beachtung.

Feld 2: Leistung wird erbracht, obwohl dem Mitarbeiter Ihre Erwartungen gar nicht bekannt waren.
Da haben Sie Glück gehabt. Machen Sie dem Mitarbeiter bewusst, dass er ganz nach Ihren Vorstellungen handelt und bestärken Sie ihn darin. Bieten Sie Unterstützung an.

Erwartungen klären – Leistung sichern

Feld 3: Der Mitarbeiter weiß zwar, was Sie wollen, tut es aber nicht.
Das ist eine „harte Nuss"! Machen Sie in einem Kritikgespräch Ihre Vorstellungen von Leistung und Verhalten unmissverständlich klar. Vereinbaren Sie Ziele, entwickeln Sie mögliche Alternativen zur jetzigen Verwendung und zeigen Sie auch disziplinär Flagge. Die „enge" Führung ist für die folgende Zeit unerlässlich.

Feld 4: Der Mitarbeiter erbringt eine Leistung nicht, weiß aber auch gar nicht, was von ihm erwartet wird.
Das ist „a blöde Gschicht", aber gleichzeitig auch ein „Hoffnungsgebiet", da durch Information und Klärung die Situation verändert werden kann. Unterstützung ist in dieser Situation günstig. Überzeugen Sie sich rechtzeitig und regelmäßig, ob und wie sich die Situation verändert hat

Es entscheidet also die Situation, welche Interventionsstrategie die Führungskraft anwendet.

Kleine Motivationsanalyse

Wenn ein Mitarbeiter die erwartete Leistung nicht erbringt oder das notwendige Verhalten nicht zeigt, lohnt es sich, der Ursache auf den Grund zu gehen, weil hinter jeder Verhaltensweise von Mitarbeitern ein Motiv steckt:

Will nicht: Der so unterstellte Widerstand ist die häufigste Annahme von Führungskräften, obwohl sie eher selten zutrifft. Sollte sie aber zutreffen, so sind Kritikgespräch und enge Führung, aber auch Erforschen der Motivlage die richtige Reaktion.

Weiß nicht: Hier hilft Information, Klärung und Unterstützung.

Kann nicht: Unterstützung und Schulung sind die adäquate Reaktion. Vielleicht ist der Mitarbeiter auch an einer anderen Stelle besser eingesetzt und kann seinen Kompetenzen gemäß woanders effektiver arbeiten.

Darf nicht: Oft können und wissen Mitarbeiter, was zu tun ist, und möchten das auch umsetzen, allerdings dürfen sie nicht. Wenn der Gruppendruck groß und die Gruppendynamik negativ ausgeprägt ist, ist das meist auch eine Information an die Führungskräfte.

Machen Sie unmissverständlich klar, dass Mobbing in Ihrem Unternehmen keinen Platz hat. Verändern Sie die Gruppenkonstellation, arbeiten Sie an der Entwicklung eines neuen Klimas.

Sind die Erwartungen an die Mitarbeiter klar?

Die Macht der Gewohnheit

„Ich muss mit der Gewohnheit brechen, bevor sie mich gebrochen hat.“

Georg Christoph Lichtenberg

Kennen Sie das: Sie arbeiten ständig unter Zeitdruck, schaffen das Arbeitspensum kaum und haben das Gefühl, nie fertig zu werden? Andere haben auch ihre Erfolge und noch jede Menge Freizeit und Privatleben dazu.

Schauen Sie sich doch Ihre **Gewohnheiten und Rituale** einmal an! Bei welchen fühlen Sie sich ertappt?

- Ich muss alles **selber machen**, sonst ist es zu fehlerhaft oder es wird zu langsam erledigt?
- Ich melde mich für Aufgaben mit spontanem **Übereifer**. Wenn ich die Folgen später durchdenke, bereue ich es.
- Ich muss jedes Papier x-mal umdrehen, bevor ich es aus der Hand gebe. Ich **überprüfe ständig alles** und sichere mich mehrfach ab.
- Ich habe an meinem Arbeitsplatz eine solche **Unordnung**, dass ich viel Zeit mit Suchen verbringen muss.
- Ich **komme** chronisch **zu spät**. Ich schaffe es nicht, Termine einzuhalten.
- Ich **erkläre** Dinge so **schlecht**, dass ich durch Rückfragen erst recht gestört werde.
- In der Beziehungspflege verrenne ich mich oft: Ich komme vom Hundertsten ins Tausendste.
- Ich kann mich **nicht entschließen** und treffe Entscheidungen nicht rechtzeitig.
- Ich **schiebe** unangenehme Aufgaben **vor mir her**.
- Ich **will** immer **alles wissen.**

Dagegen müssen Sie etwas tun!

Sie nehmen Ihre Zukunft selbst in die Hand, wenn Sie sich die richtige Abbaumöglichkeit für Ihre zeitraubenden Gewohnheiten aussuchen (Seite 172).

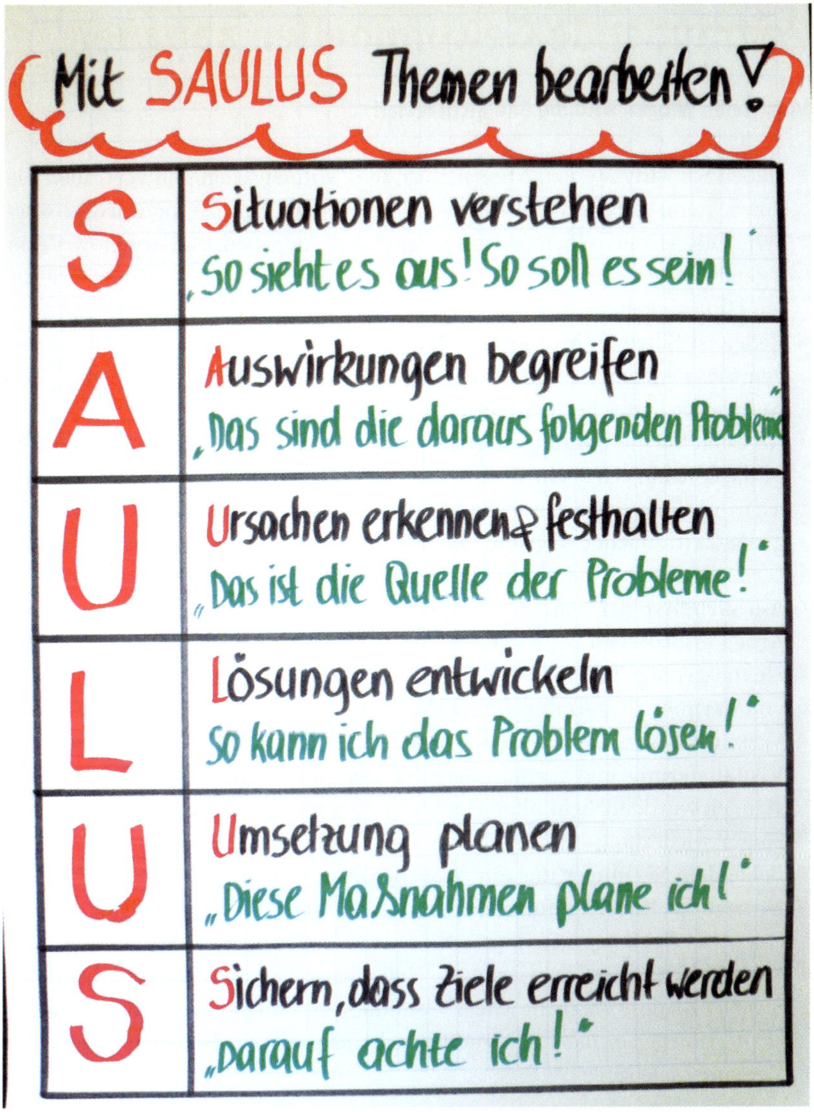

Struktur hilft bei der Problembearbeitung.

Quelle: Merk, Hans-Joachim, Zentrum für Hochschuldidaktik; SAULUS – Eine Systematik

Zeitraubende Gewohnheiten abbauen

Vom vielen Wiegen wird die Sau nicht fetter!

- Haben Sie **Zutrauen** zu Mitarbeitern und Mitmenschen und vertrauen Sie ihnen, wenn Arbeiten vielleicht auch nicht hundertprozentig erledigt werden. Die Mitmenschen wachsen an ihren Aufgaben und irgendwo und irgendwann müssen sie es auch lernen dürfen. Das führt sonst zur erlernten Hilflosigkeit.
- Reden ist Silber, **Schweigen ist Gold**: Sagen Sie zuerst nichts und überlegen Sie, schlafen Sie einmal über die Sache, führen Sie Bedenkzeiten ein, werden Sie kritischer und hinterfragen Sie die Dinge.
- Arbeiten Sie mit „**Management by sofort**“, setzen Sie Ihre Vorhaben flott in die Tat um, Grübeln bringt nichts. Akzeptieren Sie, dass Details vielleicht noch verbessert werden könnten, wenn im Großen und Ganzen der große Zeitraubende–Gewohnheiten-abbauen-Wurf gelungen ist. Wie sagt der Volksmund: Vom vielen Wiegen wird die Sau nicht fetter.
- Am **Arbeitsplatz** darf nur liegen, was zur Erledigung der jeweiligen Arbeit erforderlich ist. Multitasking ist zwar modern, aber nicht effektiv.
- Sie müssen die Zeit realistischer einschätzen, mehr **Reservezeit** einplanen und Termine grundsätzlich fünf Minuten zu früh wahrnehmen.
- Verschriftlichen Sie Ihre Erklärungen, nutzen Sie die Möglichkeiten der **Visualisierung** und vergewissern Sie sich durch **Rückfragen**, ob Sie verstanden wurden. Nicht ohne Grund werden militärische Befehle vom Empfänger wiederholt.
- Behandeln Sie immer nur **ein Sachthema** auf einmal.
- Nutzen Sie **Entscheidungshilfen:** Sie könnten Vor-/Nachteilslisten oder eine Entscheidungsmatrix erstellen.
- Wir können **nie alles wissen**. E-Mails kann man auch löschen, bestellen Sie eine Zeitung ab, nicht jede TV-Sendung ist bildend, gehen Sie nur mehr am Vormittag in die Kaffeerunde, nicht jede Mitgliedschaft in Club oder Verein ist wichtig.

So nehmen Sie Ihre Zukunft selbst in die Hand

Zuallererst ist die Einsicht vonnöten, dass Sie eine zeitraubende Gewohnheit haben. Dann planen Sie mithilfe folgender Liste die Gegenmaßnahmen. Wenn Sie sich mehrere **Termine zur Überprüfung**, wie weit Ihnen der Abbau gelungen ist, setzen und das auch noch anderen mitteilen, haben Sie sich eine selbstverpflichtende Kontrolle geschaffen.

Abbau von zeitraubenden Gewohnheiten

		Abbau überprüft		
Gewohnheit	**Abbaumöglichkeit**	**am:**	**am:**	**am:**
1. Selbstmachenwollen aus Angst oder Ungeduld	Mitarbeiter vertrauen, auch wenn Arbeiten vielleicht nicht 100%ig erledigt werden			
2. Überengagement, zu temperamentvolles spontanes Handeln; Spontanreaktionen, die dann widerrufen werden	Zuerst schweigen und überlegen, Bedenkzeiten einführen, überschlafen, kritischer werden, die Dinge hinterfragen.			
3. Zu genaues Arbeiten; ständig alles überprüfen und absichern; aus dem Denken nicht herauskommen	Nicht grübeln, sondern die geplante Arbeit flott in die Tat umsetzen, auch wenn Details im Plan noch zu verbessern wären.			
4. Unordnung am Arbeitsplatz; Durcheinander	Es darf am Arbeitsplatz nur liegen, was für die Erledigung der jeweiligen Aufgabe erforderlich ist!			
5. Termine nicht einhalten können; chronisches Zuspätkommen	Zeit realistischer einschätzen; mehr Reservezeit vorsehen; grundsätzlich Termine fünf Minuten zu früh wahrnehmen			
6. Schlechte Erklärungen, dadurch ständige Rückfragen	Vergewissern, ob man verstanden worden ist; Hilfsmittel einsetzen			
7. Redseligkeit, vom Hundersten ins Tausendste kommen	Immer nur ein Sachthema behandeln			
8. Entscheidungen nicht rechtzeitig treffen, Unentschlossenheit	Entscheidungshilfen einsetzen (Vor-/Nachteillisten; Entscheidungsmatrix)			
9. Unangenehme Aufgaben werden immer wieder verschoben.	Unangenehme Aufgaben möglichst gleich erledigen oder einen festen Termin zur Erledigung setzen			
10. Alles wissen wollen	Nur noch die Hälfte lesen; weniger Neugier zeigen			

Veränderungen verbindlich planen und überprüfen

Zeitfresser und Störenfriede

„Wenn Du Dich von jedem Hund, der Dir begegnet, anbellen lässt, wirst Du nie ankommen!"

Wer kennt das nicht: Sie arbeiten sich in ein Thema ein, sind dabei, einen Gedanken zu entwickeln, nehmen gerade alle Verzweigungen eines Problems wieder auf, haben sich richtig angereichert mit den entscheidenden Fragen – eine neue Sms-Mitteilung, das Telefon läutet, jemand braucht eine Unterschrift, der liebe Kollege wollte „nur schnell vorbeischauen".

Und Sie können mühevoll wieder von vorne anfangen. Bei jeder Unterbrechung geht Leistungsfähigkeit verloren, jede Störung zieht einen Leistungsabfall nach sich. Bis Sie dann nach einigen Störungen oder Unterbrechungen die Arbeit abbrechen, um sie später, nach Dienst oder daheim zu machen.

Nehmen Sie Ihre Zukunft selbst in die Hand

- Nehmen Sie zuerst einmal wahr, welche Unterbrechungen notwendig sind und deshalb akzeptiert werden müssen und welche wirklich stören und verhindert werden könnten.
- Erfolgreiche Personen zeichnen sich dadurch aus, dass sie eben nicht immer für alle erreichbar sind. Klare **Regelungen** für die telefonische und reale Erreichbarkeit sind äußerst hilfreich. Hier sind Sie aber auch selbst gefordert: Das Mobiltelefon und der Inter- und Intranetanschluss haben einen Knopf, den darf man auch zum vorübergehenden Ausschalten der Geräte benutzen.
- Es ist an der Zeit, die offene **Bürotür** wieder zu schließen. Das Signal der erwünschten Nähe zu den Kollegen steht in keinem Verhältnis zum Ausmaß der Störungen und Ablenkungen. Sperrzeiten sind der entscheidende Schlüssel zur Steigerung der persönlichen Effizienz.
- Sagen Sie deutlich Nein, wenn Sie keine Zeit haben. Mit einer kurzen Begründung frustrieren Sie auch niemanden. Noch besser ist es, wenn Sie so klare **Zugangsregelungen** haben, dass Sie zwischendurch nicht einmal Nein sagen müssen.

Leistungsabfall durch Störungen

ALPEN-Methode

Die Zeit vergeht ohne unser Zutun. Zeit lässt sich nicht managen. Wir können allerdings uns selbst und unsere Arbeitsabläufe klug und effektiv organisieren. Lothar J. Seiwert bietet mit seiner A-L-P-E-N-Methode ein einfaches, aber bei konsequenter Handhabung sehr wirkungsvolles Werkzeug in **fünf Schritten** an:

- **A**ufgaben aufschreiben
- **L**änge schätzen
- **P**ufferzeiten einplanen
- **E**ntscheidungen treffen
- **N**achkontrolle

Alle **Aufgaben**, Termine und geplanten Aktivitäten des nächsten Tages aufschreiben. Dabei entsteht eine einfache To-Do-Liste. Die Reihenfolge der Aufgaben ist zunächst unwichtig.

Die **Länge der Aufgaben** wird im nächsten Schritt möglichst realistisch geschätzt. Ihre Vorerfahrungen werden dabei hilfreich sein. Setzen Sie sich nicht durch zu enge Zeitannahmen schon in dieser Phase unter Druck, andererseits werden Sie durch den geplanten Zeitrahmen konzentrierter an der Aufgabe arbeiten.

Pufferzeiten für Unvorhergesehenes einplanen, denn kein Arbeitsplatz ist frei von Störungen. Etwa zwei Drittel der Arbeitszeit können fix verplant werden, ein Drittel sollte als Pufferzeit flexibel nutzbar sein.

Entscheidungen treffen: Darum kommen Sie nicht herum: Was muss unbedingt gemacht werden, was kann jemand anderer für mich tun, was kann überhaupt weggelassen werden, was verträgt einen Aufschub, falls nötig? Ob Sie farbige Punkte verteilen, die Aufgaben nach ABC werten oder das Eisenhower-Fenster verwenden – am Ende dieser Planungsphase haben Sie eine Prioritätenliste, nach der Sie den Tag zielgerichtet angehen können.

N für Nachkontrolle: Am Ende des Tages überprüfen Sie den Plan. Unerledigtes schreiben Sie wieder unter A in die Liste für den nächsten Tag, ebenso wie neue Aufgaben.

So nehmen Sie Ihre Zukunft selbst in die Hand

Nehmen Sie sich täglich die nötige Planungszeit, Sie bekommen sie mehrfach zurück. Ab heute!

Zum Weiterlesen:
Lothar J. Seiwert, Das Bumerang-Prinzip: Mehr Zeit fürs Glück

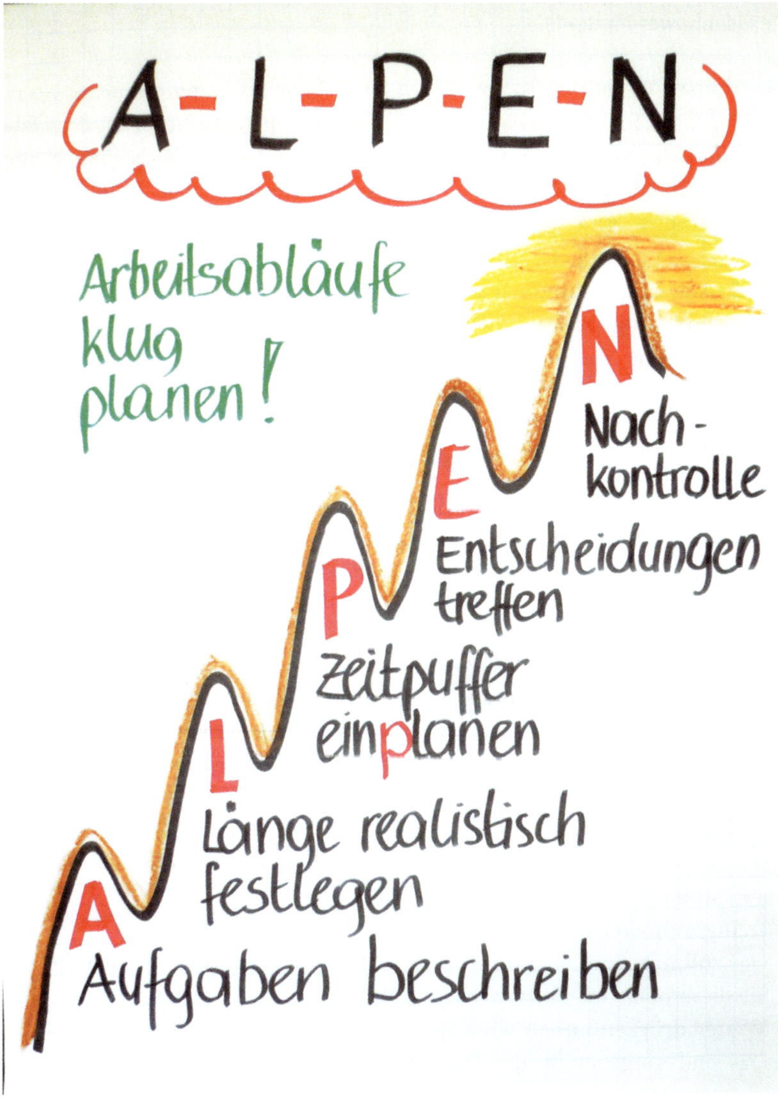

Arbeitsabläufe klug planen

Prioritäten setzen

Die Eisenhower-Methode

Die Kunst, Wesentliches von Unwesentlichem zu unterscheiden, ist ein Erfolgsfaktor für die Bewältigung der tagtäglichen Anforderungen. Dabei hilft eine Methode des Arbeits- und Zeitmanagements, das seinen Namen vom ehemaligen US-Präsidenten hat. Er hat seine täglichen Aufgaben nach diesem Schema organisiert.

Es besticht durch seine Einfachheit.

Mit Hilfe dieser Methode können Sie Ihre Prioritäten sinnvoll setzen und anstehende Aufgaben nach Wichtigkeit und Dringlichkeit ordnen. Damit schaffen Sie die Voraussetzung für Ihre Entscheidung, ob Sie eine Aufgabe sofort, später oder gar nicht bearbeiten werden.

Mit dem Eisenhower-Fenster nehmen Sie Ihre Zukunft selbst in die Hand:

Nutzen Sie die vier Möglichkeiten zur Prioritätensetzung:

- **Dringend und wichtig**
  Packen Sie sofort an und erledigen Sie diese Aufgaben selbst. „Management by sofort" ist äußerst effektiv, aber Achtung: Zu starker Termindruck, Überbelastung und Überforderung sind eine Gefahr. Diese Aufgaben werden auch als A-Aufgaben bezeichnet.
- **Wichtig, aber nicht dringend**
  Nehmen Sie diese Aufgaben fest in Ihre Zeitplanung auf – setzen Sie sich Termine. Visionen zulassen, Leitbilder entwickeln, große Projekte durchdenken, Beziehungen pflegen, persönliche Entwicklung und Weiterbildung sind die „Chefsachen", die zwar als wichtig erkannt werden, im Tagesgeschäft aber oft verloren gehen. Die Erledigung dieser Aufgaben motiviert und stiftet Sinn. (B-Aufgaben)
- **Dringend, aber nicht wichtig**
  Das sollte jemand anderer erledigen, delegieren Sie und schauen Sie, dass Sie diese Belastungen loswerden. (C-Aufgaben)
- **Weder dringend noch wichtig**
  Das sind Aufgaben für den Papierkorb, lassen Sie die Finger davon.

Legen Sie eine **To-Do-Liste** an und ordnen Sie die anstehenden Aufgaben nach Dringlichkeit und Wichtigkeit in das Eisenhower-Fenster ein.

Gratulation! Sie haben sicher etwas für den Papierkorb oder zum Delegieren gefunden und Zeit gespart.

Zum Weiterlesen:
Friedrich Graf-Götz/Hans Glatz, Organisation gestalten. Neue Wege und Konzepte für Organisationsentwicklung und Selbstmanagement

Prioritäten setzen

Kleine Ursache – große Wirkung

Das Pareto-Prinzip

Bereits 1897 hat der italienische Wirtschaftssoziologe Vilfredo Pareto die **20:80-Regel** wissenschaftlich fundiert vorgestellt:

- Mit 20 Prozent Aufwand werden 80 Prozent der Ergebnisse erzielt.
- Zur Erreichung der restlichen 20 Prozent der Ergebnisse sind jedoch 80 Prozent an Aufwand und Einsatz nötig.

20 % der Anstrengung	80 % der Ergebnisse
20 % des Aufwands	80 % des Ertrags
20 % eines Buches	80 % der Information
20 % der Kunden	80 % des Umsatzes
20 % der Produktfehler	80 % der Beschwerden

Die 20:80-Regel lässt sich auf viele Arbeitsfelder und Aufgaben anwenden. Gerade im operativen Tagesgeschäft verbeißen wir uns mit großem Aufwand in Dinge, bei denen die Fragen berechtigt sind „Ist es das wirklich wert?“ und „Ist das wirklich notwendig?“ Natürlich gibt es Aufgaben, die ein hundertprozentig perfektes Ergebnis fordern. Aber ist das bei allen Ihren Aufgaben wirklich unumgänglich? Konzentrieren Sie sich also auf die wirklich wichtigen Aufgaben und packen Sie diese zuerst an.

So nehmen Sie Ihre Zukunft selbst in die Hand

Fragen Sie sich, ob Ihre Genauigkeit nicht schon in Perfektionismus, Ihre Gewissenhaftigkeit nicht schon in Pedanterie umschlägt. Lesen Sie Ihren Projektvorschlag nur zwei- und nicht zehnmal durch, zwei kräftige Argumente zeigen mehr Wirkung als das Überladen mit zehn.

Viel Erfolg mit wenig Aufwand

Ist Ordnung das halbe Leben?

Nicht jede Ordnung ist für alle gleich hilfreich.

Für viele Menschen ist das Denken in
- geraden Linien,
- in Kausalzusammenhängen,
- in logisch stringenten oder zeitlich exakten Abläufen und damit
- in To-do-Listen,
- in Entscheidungsmatrizes und
- Korrelationsfenstern

geradezu ein Gräuel.

Nach Silvester oder Zeitmanagementseminaren kaufen sich so gepolte Personen dann aus intellektueller Akzeptanz „timer", Kalender, Planungsbücher, und gleich jeweils drei davon, denn es muss alles „besser" werden. Leider funktioniert das nicht: Kalender werden nicht genau geführt, einmal Eintrag hier, dann dort, dann einfach nicht hineingeschaut.

Fühlen Sie sich angesprochen? Dann machen wir Ihnen ein Angebot:
- Verwenden Sie nur **einen Kalender** für alle Eintragungen.
- Verwenden Sie für Ihre Aufzeichnungen **Farben**.
- Visualisieren Sie Ihre Notizen mit ansprechenden kleinen **Symbolen**, Strichmännchen, Zeichnungen.
- Sichern Sie Ihre Einfälle, indem Sie immer **Post-its** dabei haben.
- Verwenden Sie farbige Post-its. Dadurch bleiben Sie flexibel und können jederzeit etwas ändern. Auch während des Arbeitsprozesses.
- Ob eine kleine **Pinnwand** in der Küche oder eine professionelle im Büro: Sie haben ein ganzes, ansprechendes Bild vor sich, das durch die Schildchen ständig veränderbar bleibt.
- Vielleicht können Sie so Ihr **Ordnungssystem als Spiel** begreifen, das macht mehr Spaß.
- Wenn Sie eine Aufgabe erledigt haben, können Sie sich **belohnen**, indem Sie ein Post-it wieder entfernen. Das motiviert.

Was Ihnen in keinem der Ordnungssysteme erspart bleibt: Sie müssen Ihre **Planung befolgen**, aber die Farben bringen mehr Freude in Ihr Planungsleben.

So nehmen Sie Ihre Zukunft selbst in die Hand

Wenn Sie sich mit Listen quälen und von Farben angezogen fühlen, gehören Sie zu jenen Menschen, die die rechte Gehirnhälfte mehr nutzen und denen das divergente Denken leichter fällt. Arbeiten Sie so, wie es Ihrer Denkungsart besser entspricht.

Mit Farben und Symbolen spielerisch planen

Auf die Wirkung kommt es an

Lenkungstechniken für die Gesprächsleitung

In der Diskussionsleitung und Führung von Arbeitsgruppen müssen oft Emotionen aufgefangen, Angriffe pariert, die Gespräche in Gang gehalten und Störungen aller Art neutralisiert werden.

Diese **Qualitätswerkzeuge** unterstützen Sie:

- Die **goldenen Gegenfragen** für Notsituationen
  „Wie meinen Sie das genau?" „Wie soll ich das verstehen?"
  „Worauf genau beziehen Sie Ihre Frage?" „Wie denken Sie selbst darüber?" „Welche Antwort erwarten Sie von mir?" „Aus welchen Gründen fragen Sie mich das?"
- **Delegieren**
  „Eine interessante Frage. Wer in der Gruppe hat damit Erfahrung?"
- **Konkretisieren lassen**
  „Mit welchen aktuellen Daten können Sie Ihre Aussagen belegen?" „Wissen Sie dazu ein konkretes Beispiel?"
- **Interpretieren lassen**
  „Ich bin nicht ganz sicher, ob ich verstanden habe, was Sie meinen." „Ist es das, was Sie meinen?" „Wollen Sie damit sagen, dass …?"
- **Zusammenfassen lassen**
  „Könnten Sie das noch einmal für das Protokoll in Kurzform zusammenfassen?"
- **Vorschläge erbitten**
  „Was könnte man hier sonst noch alles tun?" „Fällt Ihnen vielleicht noch etwas anderes ein?"
- **Pausen machen**
  „Dieses Thema sollten wir erst nach der Pause bearbeiten. Da können wir uns in der Zwischenzeit schon Gedanken machen."
- **Aktives Zuhören**
  „Sie sind also der Meinung …"
  „Sie sind darüber ganz schön verärgert."

- **Kartentechnik und Punktekleben aus der Moderation einsetzen**
  Schreiben Sie Ihre Pro-Argumente auf gelbe Kärtchen, Ihre Contra-Positionen auf blaue. Kleben Sie einen Punkt neben jenes Argument, das Ihnen am ehesten entspricht.
- **Am Thema dran bleiben**
  „Glauben Sie, dass diese Frage direkt mit unserem Thema zusammenhängt?“ „Ich möchte zuerst Problem A fertig bearbeiten.“
- **Stopp-Strategie**
  „Halt, ich möchte so nicht weiter diskutieren.“
- **Metakommunikation**
  „Merken Sie eigentlich, wie Sie miteinander umgehen? Ich möchte das in meinen Besprechungen nicht.“

Zum Weiterlesen:
Rainer W. Stroebe, Kommunikation Band I: Grundlagen, Gerüchte, Schriftliche Kommunikation

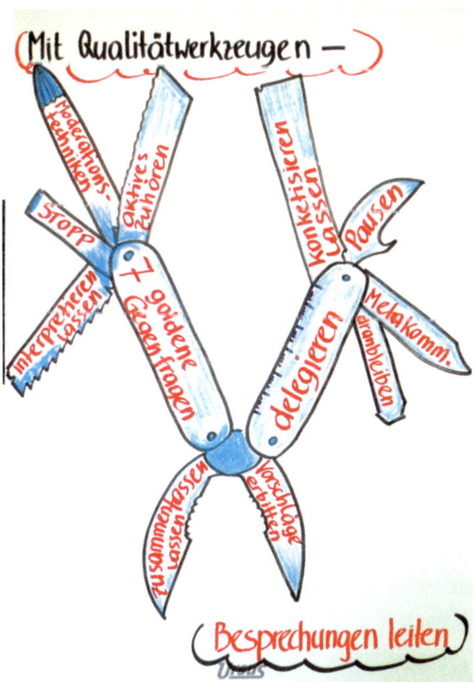

Werkzeuge, die perfekt funktionieren

Die vier Seiten einer Nachricht

„Was jemand sagt, ist das eine. Was derjenige damit meint, das andere. Und was gehört wird, hat oft mit beidem nichts zu tun."

Nehmen wir ein **Alltagsbeispiel** aus dem Berufsleben: Sie sitzen in Ihrem Büro, ein Klient ruft an und sagt: „Ich habe schon fünfmal angerufen!"

Sie können diesen einfachen Satz auf vierfache Weise verstehen:

Sachaspekt („Worüber ich Dich informieren möchte!")

Es könnte eine rein sachliche Feststellung sein. Es waren nicht vier- und nicht sechs-, sondern fünfmal.

Appellaspekt („Wozu ich Dich veranlassen möchte!")

Sie könnten auch die Aufforderung heraushören, öfter da zu sein oder das Telefon abzuheben.

Beziehungsaspekt („Was ich von Dir halte!")

Sie könnten den Satz als Unmutsäußerung verstehen, als Vorwurf, dass Sie nicht erreichbar sind.

Selbstmitteilungsaspekt („Was der Sender über sich selbst sagt!")

Vielleicht bedeutet dieser Satz, dass es dem Anrufer ganz wichtig war, Sie zu erreichen.

Den vier Aspekten entsprechend hat der Mensch auch vier Ohren. Entscheidend ist, was Sie hören! Sie werden entsprechend reagieren.

Wer auf dem Beziehungsohr hört, wird sich ärgern, sich wehren und zum Gegenangriff übergehen: „Wann ich das Telefon abhebe ist meine Sache, es gibt andere Kunden auch noch!"

Und schon haben Sie einen Konflikt provoziert oder einen Kunden verloren.

So nehmen Sie Ihre Zukunft selbst in die Hand

Versuchen Sie konsequent, nicht alles auf dem Beziehungsohr zu hören. Auch wenn Sie einen Vorwurf empfinden, holen Sie Luft und antworten auf der Sachebene: „Also fünfmal haben Sie angerufen. Worum geht es denn?"

Mit diesem Wissen über Kommunikation können Sie wirksam **deeskalieren** oder sich davor schützen, bei jedem Appell sofort den Wünschen zu entsprechen.

Hier einige **Übungssätze:**

- „Wie lange dauert die Erledigung noch?“
- „Wie kommen Sie zu dieser Feststellung?“
- „Welche Ausbildung haben Sie für diese Tätigkeit gemacht?“
- „Sie haben Urlaub beantragt?“

Zum Weiterlesen:
Friedemann Schulz von Thun, Miteinander reden 1: Störungen und Klärungen

Auf welchem Ohr sind Sie empfindlich?

Bin ich auf dem richtigen Arbeitsplatz?

Die Interessenstruktur-Analyse zeigt, wie gut mein Arbeitsplatz und ich zusammenpassen

Wenn der Eindruck entsteht, dass die Arbeit oft schwer von der Hand geht und die Zusammenarbeit sich dahinschleppt, sucht man nach Erklärungen. Hier hilft oft ein einfaches und anschauliches Instrument: Die Interessenstruktur-Analyse, auch „Beruflicher Hunger" genannt.

Das Instrument besteht aus **vier Skalen:**

- Bedarf („Hunger") nach **Struktur versus** Bedarf („Hunger") nach **Gestaltungsraum**.

Brauche ich mehr Struktur (geordnete Abläufe, detaillierte Ziele, Zeitvorgaben, Durchführungsbestimmungen usw.) oder mehr Freiraum (flexible Zeiten, nur Ergebnisse festgelegt, freie Wahl der Durchführung usw.)? Den einen stürzt der Freiraum ins Chaos, den anderen würden enge Vorgaben ersticken.

- Bedarf nach viel **Kontakt versus** gerne **allein**

Brauche ich den Kontakt zu Kollegen und Kunden wie die Luft zum Atmen? Oder bin ich eine Person, die am liebsten in Ruhe und alleine ihre Aufgaben erledigt?

- Bedarf nach **Routine versus** immer wieder etwas **Neues**

Viel Sicherheit, Verlässlichkeit und vertraute Routine auf der einen Seite; Abwechslung, neue Aufgaben und Herausforderungen auf der anderen Seite

- Bedarf nach **Karriere versus** eine **klare Mitarbeiteraufgabe**

Wünsche ich eine klare Perspektive für den beruflichen Aufstieg oder leiste ich am liebsten dort gute Arbeit, wo ich gerade bin?

Für ein oftmals sehr **erhellendes Bild** genügen zwei mal vier Striche, vier für den Arbeitsplatz und vier für mich:

- Einmal werden die Bedingungen des Arbeitsplatzes eingeschätzt.
  Wie ausgeprägt sind die Strukturvorgaben im Vergleich zum Freiraum an Gestaltung? Begünstigt dieser Arbeitsplatz Kontakt oder Einzelarbeit? Enthält er viel Routine oder viel Veränderung? Ist er mit hohen Aufstiegschancen verbunden oder auf Dauer angelegt?
- Auf derselben Skala in einer neuen Farbe schätze ich die eigenen Bedürfnisse und Interessen („Hunger") ein.

So nehmen Sie Ihre Zukunft selbst in die Hand

Der Vergleich der beiden Einschätzungsbilder beantwortet die Frage: Bin ich auf dem richtigen Arbeitsplatz? Wo „Ich" und „Arbeitsplatz" nahe beieinanderliegen kann ich mein Potential gut entfalten und fühle mich wohl. Wo beide auseinanderdriften entstehen Mühsal, Stress und Frust.

Kann ich etwas ändern
- an meiner Einstellung („**love it**")
- am Ausführen der Arbeit („**change it**")
- oder durch Arbeitsplatzwechsel („**leave it**")?

Zum Weiterlesen:
Werner Vogelauer, Methoden-ABC im Coaching: Praktisches Handwerkszeug für den erfolgreichen Coach

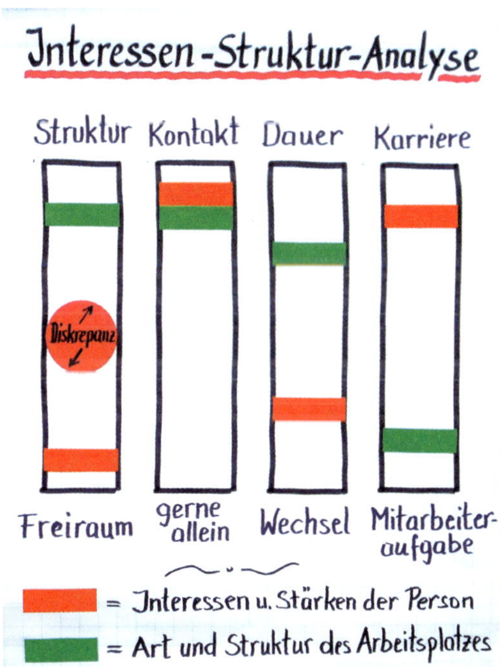

Strukturvergleich: Was der Arbeitsplatz verlangt und was mir liegt

Abschluss

Zum Abschluss eine Geschichte

Die große Weggabelung

„Ich habe zwei Wege zur Verfügung. Beide zugleich sind nicht möglich. Welchen soll ich gehen?"

Wenn Menschen sich auf den Weg machen, ihre eigene Entwicklung voranzubringen, hören wir das oft. Finden Sie die Antwort selbst mit einer Geschichte (nach Roland Kübler).

Hoch oben in den Bergen reifte ein Mädchen zur jungen Frau heran. Eines Tages packte sie ihr Bündel und sagte ihren Eltern, dass sie gehen wolle, um das Meer zu sehen. In ihrer Jugend hatte sie sich nichts mehr gewünscht, als einmal im Leben in das schäumende Meerwasser zu tauchen. Die Frau machte sich auf den Weg. Eines Tages kam sie an eine große Weggabelung. Der Weg, den sie bisher gegangen war, gabelte sich vor einem Berg: ein Pfad nach links, einer nach rechts. Beide Pfade schienen ihr jedoch ungewiss, also blieb sie stehen.

Fremde kamen an die Kreuzung, die Frau erzählte ihnen, dass sie ans Meer wolle: „Ich weiß aber nicht, welche Richtung ich nehmen soll", sagte sie. Die Fremden luden sie ein, mit ihnen in eine Stadt zu gehen, die nicht allzu weit von hier läge. Aber die Frau wollte ans Meer, lehnte das Angebot dankend ab und blieb an der Wegkreuzung sitzen.

Die Wochen vergingen. Eines Morgens wurde sie von Feldarbeitern geweckt, die sie einluden, mit ihnen zu den Bauern zu gehen, um bei der Ernte mitzuhelfen. Und weil die Frau schon so lange untätig gewesen war, entschied sie sich, ihnen zu folgen. Es gefiel ihr bei den Bauern. Da die Sehnsucht nach dem Meer aber groß war, ging sie eines Tages zur Kreuzung zurück. Doch noch immer war sie nicht sicher, welchen Pfad sie nehmen sollte. Lange saß sie dort. Nach Wochen kam eine Schneiderin vorbei. Die Frau ging mit ihr und half ihr. Aber die Sehnsucht nach dem Meer blieb – und so kehrte die Frau eines Tages zur Kreuzung zurück. Sie konnte sich noch immer nicht entscheiden, wie sie weitergehen sollte. Lange Zeit saß sie wieder dort. Ihr Haar wurde grau. Nachts glaubte sie manchmal, das Meer rufen zu hören. In einer solchen Nacht entschied sie sich, den Berg vor ihr hinaufzusteigen. Es kostete viel Anstrengung und als sie es geschafft hatte, sah sie, tief unten und ganz klein, die Kreuzung. Die alte Frau erkannte, dass die beiden Pfade um den Berg sich dahinter vereinigten und der Weg weiter zum Meer führte. In der Ferne sah sie die tosenden Meereswellen, aber sie wusste, sie hatte nicht mehr die Kraft, zur Kreuzung zurückzukehren. Und ihr wurde bewusst, dass ihr Körper niemals ins schäumende Meerwasser tauchen würde.

Warte nicht zu lange – gehe los!

Literaturverzeichnis

Antons Klaus: Praxis der Gruppendynamik. Verlag für Psychologie, 1973

Bauer Joachim: Prinzip Menschlichkeit. Warum wir von Natur aus kooperieren. Hoffmann und Campe, 2006

Birkenbihl Vera: Der persönliche Erfolg. Erkennen Sie Ihr Persönlichkeitsprofil und aktivieren Sie Ihre Talente. mgv, 1998

Bruch Heike: Organisationale Energie – Wie Sie das Potenzial Ihres Unternehmens ausschöpfen. In: INsight 3–4/09

Buchacher Walter/Wimmer Josef: Das Seminar. Wirksam vortragen und lebendige Seminare gestalten. Linde 2006

Buchacher Walter/Wimmer Josef: Das Führungsseminar. Werkzeuge für den Führungsalltag in Wort und Bild. Linde 2008

Covey Steven R.: Die effektive Führungspersönlichkeit. Campus 2008

Covey Steven R.: Sieben Wege zur Effektivität. Gabal 2005

Csikszentmihalyi Mihaly: Das Flow-Erlebnis. Jenseits von Angst und Langeweile im Tun aufgehen. Klett-Cotta 2000

Dechmann Birgit/Christiane Ryffel: Soziologie im Alltag. Eine Einführung. Juventa Verlag 2008

Gay Friedbert: Das DISG-Persönlichkeitsprofil. Persönliche Stärke ist kein Zufall. Gabal 2006

Goleman Daniel: Emotionale Intelligenz. dtv 1999

Gordon Thomas: Die neue Beziehungskonferenz. Effektive Konfliktbewältigung in Familie und Beruf. Heyne 2003

Graf-Götz Friedrich: Organisation gestalten. Beltz 2001

Gelb Michael J.: Das Leonardo-Prinzip. Die sieben Schritte zum Erfolg. vgs Verlagsgesellschaft 1998

Höglinger August: Grenzen setzen bei Erwachsenen. Höglinger 2004

Kast Verena: Trauern. Phasen und Chancen eines psychischen Prozesses. Kreuz 1982

Katzengruber Werner: Einfach erfolgreich. Gräfe und Unzer 2008

Kübler Roland/Körner Heinz/Allert-Wybranietz Kristiane u.a.: Die Farben der Wirklichkeit. Ein Märchenbuch. Lucy Körner Verlag 1983

Lagemann Christoph: Das Tankmodell. In: BMUK. Gesundheit fördern, Sucht verhindern. 1996

Landsiedel Stephan: NLP Metaprogramme – verstehen und trainieren. Landsiedel Consulting.

Lundin Stephen/Paul Harry/Christensen John: Fish! Ein ungewöhnliches Motivationsbuch. Ueberreuter 2001

Maslach Christina/Leiter Michael: Die Wahrheit über Burnout. Stress am Arbeitsplatz und was Sie dagegen tun können. Springer 2001

Miedaner Talane: Coach dich selbst, sonst coacht dich keiner! mgv 2002

Peseschkian Nossrat: Positive Psychotherapie. Fischer 1985

Pöppel Erst: Der Rahmen. Ein Blick des Gehirns auf unser Ich. Hanser 2006

Opaschowsky Horst: Das Moses-Prinzip. Die 10 Gebote des 21. Jahrhunderts. Gütersloher Verlagshaus 2007

Opelt Rüdiger: Zaubere dein Leben. Czernin Verlag 2006

Schulz von Thun Friedemann: Miteinander reden. Fragen und Antworten. Rowohlt 2007

Schulz von Thun Friedemann: Miteinander reden 2. Stile, Werte und Persönlichkeitsentwicklung. Rowohlt 2001

Schulz von Thun Friedemann: Miteinander reden 1. Störungen und Klärungen. Rowohlt 1995

Sedmak Clemens: Geglücktes Leben. Was ich meinen Kindern ans Herz legen will. Styria 2006

Seiwert Lothar J.: Das Bumerang-Prinzip. Mehr Zeit fürs Glück. Gräfe und Unzer 2002

Seiwert Lothar J.: Wenn du es eilig hast, gehe langsam. Campus 2001

Seiwert Lothar J./Gay Friedbert: Das neue 1 x 1 der Persönlichkeit. Gräfe und Unzer 2004

Simon Walter: Führung und Zusammenarbeit. GABALs großer Methodenkoffer. Gabal 2002

Sonneck Gernot/Puchner-Matzner Ingeborg: Das Burnout-Syndrom. Österreichische Ärztezeitung 4/2005

Stollreiter Marc/Voelgyfy Johannes/Jenicus Thomas: Stressmanagement. Beltz 2000

Stroebe Rainer W.: Kommunikation I. Grundlagen – Gerüchte. Sauer-Verlag 1996

Vogelauer Werner: Methoden-ABC im Coaching. Luchterhand 2001

Wimmer Adelheid: www.cctwimmer.at

Zeyringer Jörg: Der Treppenläufer. Wie man sich und andere motiviert. Orell Füssli 2003

Zeyringer Jörg: Die 11 Gesetze der Motivation im Spitzensport. Orell Füssli 2006

Zeyringer Jörg: Balance als Führungsstrategie. Werkzeuge für gutes Management. Haufe 2010

Die Firma

Salzburger Institut für Weiterbildung GmbH
www.siwb.at

Wir haben 1991 einen Trainerverbund gegründet, aus dem die Salzburger Institut für Weiterbildung GmbH hervorgegangen ist. Schon damals ließen wir uns von der Vorstellung leiten, universitäres Wissen, die Leistungsfähigkeit der österreichischen Privatwirtschaft und die Veränderungsimpulse öffentlicher Institutionen zusammenzuführen und nutzbar zu machen.

Und wir haben es geschafft. Wir haben in der Weiterbildung eine Marke geschaffen. Wir stehen in engem Kontakt mit unseren Partnern und entwickeln mit ihnen praxisorientierte Produkte für Firmen, Freiberufler, den öffentlichen Sektor und für Privatpersonen:

- Seminare
- Workshops
- Coaching
- Assessment
- Projekte

Ausgangspunkt ist zunächst die Bedarfsgerechtigkeit! Wir orientieren uns an den jeweiligen Personen und Auftraggebern, die bei uns Unterstützung suchen. Individuell geht's einfach am besten. Ob privat oder im Berufsleben.

Weil man „nur sieht, was man weiß, und nur versteht, was man erlebt hat" (C. G. Jung), gestalten wir unsere verschiedenen Angebote so erlebnisorientiert und spielerisch wie möglich. Aktives Lernen durch direkte Beteiligung an der Vermittlung der jeweiligen Inhalte fördert das Erreichen unserer gemeinsamen Ziele.

Wir von siwb haben jede Menge Erfahrung. Als Trainer und in der Forschung. Und natürlich auch in der Lehre. Da klappt's dann auch prächtig mit der Verbindung von Theorie und Praxis. Zur Freude und zum Vorteil unserer Kunden. Und mit diesem Buch auch für unsere Leser.

Die Autoren

Mag. Dr. Walter Buchacher und Dr. Josef Wimmer sind Professoren für Humanwissenschaften an der Pädagogischen Hochschule Salzburg. Sie leiten seit 25 Jahren Seminare, Workshops und Coachings für Führungskräfte und Vortragende aus Wirtschaft, Justiz, Medizin, Militär u.a. Beide betreiben als Geschäftsführende Gesellschafter das Salzburger Institut für Weiterbildung.

Stichwortverzeichnis